L'enseignement du Bouddha

Walpola Rahula

L'enseignement du Bouddha

D'après les textes
les plus anciens

Étude suivie d'un
choix de textes

Préface de P. Demiévielle

Éditions du Seuil

Le texte français ici publié a été traduit de l'anglais par des collaborateurs et amis de l'auteur, sous sa direction.

EN COUVERTURE

Inde IIIe époque Kushan, *Bouddha prêchant*.
Delhi, Musée national.
Photo Lauros-Giraudon.

ISBN 2-02-004799-3
(ISBN 2-02-003177-9, 1re publication)

À Mani

Sabbadānaṃ dhammadānaṃ jināti
« Le don de la Vérité surpasse tout autre don. »

Préface

Par Paul Demiéville

Membre de l'Institut,
Professeur au Collège de France,
Directeur des Études bouddhiques
à l'École des Hautes Études.

Voici une apologie du bouddhisme conçue dans un esprit résolument moderne par un des représentants les plus qualifiés et les plus éclairés de cette religion. Le Révérend Rāhula a reçu selon toutes les règles la formation traditionnelle d'un moine bouddhiste à Ceylan et revêtu d'éminentes fonctions dans un des principaux instituts conventuels (Pirivena) de cette île où la Bonne Loi fleurit depuis le temps d'Asoka et a conservé jusqu'à nos jours toute sa vitalité. Ainsi nourri de la tradition, il a tenu, en ce temps où toutes les traditions sont remises en question, à se mesurer avec l'esprit et les méthodes de la science internationale et s'est inscrit à l'Université de Ceylan ; il y a conquis ses grades de bachelier ès Arts et de docteur en Philosophie, avec une thèse hautement érudite sur l'histoire du bouddhisme à Ceylan. Une mission universitaire en Inde l'ayant mis en contact avec les adeptes du Grand Véhicule, cette forme du bouddhisme qui règne dans l'Extrême-Orient à partir du Tibet, il a désiré s'initier à la pratique des textes tibétains et chinois pour élargir son œcuménisme, et nous a fait l'honneur de venir dans ce but préparer à l'Université de Paris une étude sur Asanga, l'illustre philosophe du Grand Véhicule qui vécut dans le nord-ouest de l'Inde au IVe siècle de notre ère et dont les principales œuvres ne sont plus accessibles que dans des traductions tibétaines et chinoises. Voici huit ans qu'il porte parmi nous sa robe jaune, respirant l'air de l'Occident, cherchant peut-être dans notre vieux miroir troublé un reflet universalisé de la religion qui est la sienne.

Le livre qu'il a bien voulu me demander de présenter au public occidental est un exposé lumineux et accessible à tous, des principes fondamentaux de la doctrine bouddhique, tels qu'on les trouve dans les textes les plus anciens, ceux qu'on appelle en sanskrit « la Tradition » (Āgama) *et en pali « le Corpus canonique »* (Nikāya), *et auxquels le Révérend Rāhula, qui en possède une connaissance incomparable, se réfère constamment et à peu près exclusivement. L'autorité de ces textes est reconnue de manière unanime par toutes les écoles bouddhiques, qui furent et restent nombreuses, mais dont aucune ne s'en écarte jamais qu'avec l'intention d'en mieux interpréter l'esprit par-delà la lettre. L'interprétation a certes pu varier au cours de l'expansion du bouddhisme à travers les millénaires et les vastes espaces, et la Bonne Loi a pris plus d'un aspect. Mais ce bouddhisme humaniste, rationnel, socratique à certains égards, évangélique à d'autres, ou encore presque scientifique, a pour lui l'appui de beaucoup de témoignages scripturaires authentiques que le Révérend Rāhula n'a eu qu'à laisser parler.*

Les explications qu'il ajoute à ces citations, toujours scrupuleusement exactes, sont claires, simples, directes, exemptes de toute pédanterie. Certaines d'entre elles pourraient prêter à discussion, comme lorsqu'il veut retrouver dans les sources palies toutes les doctrines du Grand Véhicule ; mais sa familiarité avec ces sources lui permet d'apporter du neuf là-dessus. Il s'adresse à l'homme moderne, mais se garde d'insister sur les rapprochements à peine suggérés çà et là, qui pourraient être faits avec certains courants du monde contemporain — socialisme, athéisme, existentialisme, psychanalyse. Au lecteur de juger de l'actualité, des possibilités d'adaptation d'une doctrine qui, dans ce livre de bonne foi, lui est présentée en sa primeur féconde.

Introduction

On constate aujourd'hui, dans le monde entier, un intérêt croissant pour le bouddhisme. Des associations et des groupes d'étude se sont formés et il a paru quantité de livres consacrés à l'enseignement du Bouddha. On peut toutefois regretter que la plupart de ces ouvrages soient l'œuvre d'auteurs qui ne sont pas vraiment compétents ou qui, abordant leur sujet avec des préjugés tirés d'autres religions, sont conduits à des interprétations fausses et à des exposés infidèles. Il s'est trouvé ainsi un professeur de religions comparées pour écrire récemment un livre sur le bouddhisme où Ānanda, le disciple dévoué du Bouddha, qui était un *bhikkhu* (moine), est présenté comme un laïc ! Le lecteur peut imaginer de quelle qualité peut être l'image que de semblables ouvrages donnent du bouddhisme.

J'ai essayé, dans ce petit livre, de m'adresser avant tout au lecteur cultivé qui, n'ayant pas une connaissance particulière du sujet, serait désireux de connaître ce que le Bouddha enseigna réellement. C'est à son intention que je me suis efforcé de donner brièvement, d'une manière aussi simple et directe que possible, un exposé fidèle et exact des paroles mêmes du Bouddha, telles qu'elles sont rapportées dans le *Tipiṭaka*, le recueil de textes palis que les érudits sont unanimes à considérer comme les archives les plus anciennes de l'enseignement du Bouddha. La documentation de ce travail et les citations sont directement empruntées à ces textes originaux. En quelques endroits seulement je me suis référé à des écrits plus tardifs.

J'ai pensé aussi au lecteur qui, ayant déjà une certaine connaissance de l'enseignement du Bouddha, voudrait l'approfondir, et j'ai relevé dans ce but, à la fois dans le corps de l'ouvrage et dans un glossaire final, les termes principaux en langue palie ; j'ai également donné au bas des pages les références aux textes originaux.

J'ai rencontré dans ce travail diverses difficultés. J'ai tenté d'éviter à la fois un excès de technicité et un excès de vulgarisation, et de présenter au lecteur occidental d'aujourd'hui un exposé compréhensible et dont il puisse tirer profit, sans cependant rien sacrifier du fond ni de la forme des discours du Bouddha. En écrivant ce livre, les textes anciens étaient continuellement présents à ma mémoire ; j'ai délibérément conservé les synonymes et les répétitions qui caractérisent la parole du Bouddha, telle qu'elle nous est parvenue à travers la tradition orale. Le lecteur aura ainsi une idée de la forme qu'employait le Maître. J'ai suivi d'aussi près que possible les textes originaux, tout en m'efforçant de rendre mes traductions aisées et lisibles.

Mais il y a un point au-delà duquel on risquerait, dans la recherche de la simplicité, de perdre le sens particulier que le Bouddha voulait développer. Me conformant au titre de ce livre, *l'Enseignement du Bouddha*, j'ai pensé qu'il était nécessaire de rapporter les paroles mêmes du Maître, et jusqu'aux figures qu'il employait, plutôt que d'en présenter une version qui prétendrait faciliter la compréhension en en déformant le sens.

J'ai traité dans ce livre de presque tout ce qui est communément accepté comme constituant l'enseignement essentiel du Bouddha. Ce sont les doctrines des Quatre Nobles Vérités, du Noble Sentier Octuple, des Cinq Agrégats, du *Karma*, de la Renaissance, de la Production conditionnée *(Paṭiccasamuppāda)*, la doctrine du « Non-Soi » *(Anatta)* et celle du *Satipaṭṭhāna* (l'Établissement de l'Attention). Il se rencontrera naturellement dans la discussion des expressions qui ne sauraient être familières au lecteur occidental. Je le prierais donc, si le sujet l'intéresse, de lire d'abord le chapitre initial, puis de passer aux chapitres V, VII et VIII, pour revenir ensuite aux chapitres II, III, IV et VI, lorsque le sens général lui sera devenu plus clair et plus évident. Il ne serait pas possible d'écrire un livre sur l'enseignement du Bouddha sans traiter des doctrines que le

Theravāda et le *Mahāyāna* s'accordent à accepter comme fondamentales dans son système de pensée.

Le terme *Theravāda* (*Hīnayāna* ou « Petit Véhicule » n'est plus employé maintenant dans les milieux informés) peut être traduit par « l'École des Anciens » *(thera)*, et *Mahāyāna* par le « Grand Véhicule ». Ces deux termes désignent les deux principales formes du bouddhisme qui se rencontrent dans le monde actuel. Le *Theravāda*, considéré comme l'orthodoxie originale, est pratiqué à Ceylan, en Birmanie, en Thaïlande, au Cambodge, au Laos, à Chittagong dans le Pakistan oriental. Le *Mahāyāna*, qui se développa un peu plus tard, est pratiqué dans les autres pays bouddhistes, Chine, Japon, Tibet, Mongolie, etc. Il existe certaines différences entre ces deux écoles, principalement en ce qui concerne les croyances, les pratiques et les observances, mais sur les enseignements les plus importants, comme ceux qui sont exposés ici, le *Theravāda* et le *Mahāyāna* s'accordent.

J'ai ajouté spécialement à cette édition française, en appendice, un petit choix de traductions des textes palis originaux, pour le profit de ceux qui voudraient lire quelques discours du Bouddha dans leur forme originale.

Il me reste à exprimer ma profonde gratitude à M. Paul Demiéville, mon professeur à Paris, qui a bien voulu trouver le temps, malgré son programme extrêmement chargé, de parcourir le manuscrit, de faire des corrections et des suggestions importantes, et d'honorer ce petit livre en écrivant à ma demande une aimable et précieuse préface. Je ne puis le remercier assez.

Je dois remercier le professeur E.F.C. Ludowyk, qui m'a invité à écrire ce livre originalement en anglais, de l'aide qu'il m'a apportée, de l'intérêt pris, des suggestions offertes, et de la lecture du manuscrit. J'ai aussi une dette de gratitude envers Mlle Marianne Möhn, qui a parcouru le manuscrit anglais et fait quelques remarques précieuses.

Je voudrais enfin exprimer mes vifs remerciements à M. René Marc, M. Jean Bertrand-Bocandé et Mlle Mireille Benoit, pour m'avoir aidé de plusieurs façons dans la préparation du texte français.

W. RAHULA.

Note sur les abréviations utilisées pour les sources citées

A : *Aṅguttara-nikāya*, éd. Devamitta Thera (Colombo, 1929) et édition PTS.

Abhisamuc : *Abhidharma-samuccaya* d'Asanga, éd. Pradhan (Visvabharati, Santiniketan, 1950).

D : *Dīgha-nikāya*, éd. Nānāvāsa Thera (Colombo, 1929).

DA : *Dīgha-nikāyaṭṭhakathā*, *Sumaṅgalavilāsinī* (Simon Hewavitarne Bequest Series, Colombo).

Dhp : *Dhammapada*, éd. K. Dhammaratana Thera (Colombo, 1926).

DhpA : *Dhammapadaṭṭhakathā* (édition PTS).

Lanka : *Laṅkāvatāra-sūtra*, éd. Nanjio (Kyoto, 1923).

M : *Majjhima-nikāya* (édition PTS).

MA : *Majjhima-nikāyaṭṭhakathā*, *Papañcasūdanī* (édition PTS).

Madhyakari : *Mādhyamika-Kārikā* de Nāgārjuna, éd. L. de la Vallée-Poussin (Bib. Buddh. IV).

Mh-Sutralankara : *Mahāyāna-sūtrālaṅkāra* d'Asanga, éd. Sylvain Lévi (Paris, 1907).

Mhvg : *Mahāvagga* (du *Vinaya*), éd. Saddhātissa Thera (Alutgama, 1922).

PTS : *Pali Text Society* de Londres.

Prmj : *Paramatthajotikā* (édition PTS).

S : *Saṃyutta-nikāya* (édition PTS).

Sarattha : *Sāratthappakāsinī* (édition PTS).

Sn : *Suttanipāta* (édition PTS).

Ud : *Udāna* (Colombo, 1929).

Vibh : *Vibhaṅga* (édition PTS).

Vism : *Visuddhimagga* (édition PTS).

Note sur la prononciation des mots palis et sanskrits

Les voyelles des mots palis et sanskrits se prononcent presque comme en français, à l'exception de l'*u* qui se prononce *ou*, par ex. *sutta* pron. « soutta ».

Il y a une différence dans la prononciation des voyelles brèves et longues, par ex. *a* dans *sati*, qui est bref, se prononce comme « a » dans « année », tandis que *ā* dans *Sāti*, qui est longue, se prononce comme « â » dans « âme ». Les voyelles longues sont surmontées du signe ¯.

e et *o* sont longs, mais brefs seulement en pali lorsqu'ils sont suivis par une double consonne, comme *mettā* et *bojjaṅga*.

au (Gautama) se prononce comme « aou » dans « Raoul ». *ai* (Vaiśya) se prononce comme « aï » dans « laïc ».

Les consonnes se prononcent comme en français avec les exceptions suivantes :

c se prononce comme « tch » dans « tchèque », jamais comme dans « car », *cakka* pron. « tchakka ».

g se prononce comme « g » dans « gare », jamais comme dans « gîte ».

j se prononce comme « dj » dans « djebel », (*jāti* pron. « djāti »).

ṃ et *ṅ*, qui sont nasaux, se prononcent presque de la même manière, comme « n » dans « an », *(saṃkhāra, Saṅgha)*.

ṇ, qui est cérébral, se prononce à peu près comme « n » dans « âne », *(saraṇa)*.

ñ se prononce comme « gne » dans « signe », *(ñāṇa)*.

ś se prononce comme « ç » dans « français », *(śraddhā)*.

ṣ se prononce comme « ch » dans « chat », *(kṣatriya)*.

ṭ se prononce comme « t » dans le mot anglais « two », *(piṭaka)*.

kh, th, etc. sont aspirés, (*sukha, thera, phassa,* etc.).

Le Bouddha

Le Bouddha, dont le nom personnel était Siddhattha (Siddhārtha en sanskrit) et le nom de famille Gotama (Skt. Gautama), vivait dans le Nord de l'Inde au VIe siècle av. J.-C. Son père, Suddhodana, gouvernait le royaume des Sākya (dans le moderne Népal). Sa mère était la reine Māyā. Selon la coutume de l'époque, il épousa, très jeune, à l'âge de seize ans, une jeune princesse belle et dévouée, nommée Yasodharā. Le jeune prince vivait dans son palais pourvu de tout le luxe mis à sa disposition. Mais soudain, confronté avec la réalité de la vie et la souffrance de l'humanité, il décida de trouver la solution — la sortie de cette souffrance universelle. A l'âge de vingt-neuf ans, peu après la naissance de son fils unique, Rāhula, il abandonna son royaume et devint un ascète en quête de cette solution.

Pendant six ans l'ascète Gotama erra dans la vallée du Gange, rencontrant des maîtres religieux célèbres, étudiant et suivant leurs systèmes et méthodes et se soumettant à de rigoureuses pratiques ascétiques. Elles ne le satisfaisaient pas. Il abandonna donc toutes les religions traditionnelles et leurs méthodes, et alla droit son chemin. C'est ainsi qu'un soir, assis sous un arbre (connu depuis comme l'arbre-Bodhi — ou Bo, « l'Arbre de la Sagesse ») sur la rive du fleuve Neranjarā, à Bouddha-Gaya (près de Gaya, dans le moderne Bihar), âgé de trente-cinq ans, Gotama atteignit l'Eveil, après quoi il fut connu comme le Bouddha, « l'Eveillé ».

Après son Eveil, Gotama le Bouddha prêcha son premier sermon à un groupe de cinq ascètes, ses anciens compagnons, dans le Parc des Gazelles à Isipatana (moderne Sarnath) près de Bénarès. Depuis ce jour, pendant quarante-cinq ans, il enseigna à toutes les classes d'hommes et de femmes — rois et paysans, brahmanes et hors-castes, banquiers et mendiants, religieux et bandits — sans faire la plus petite distinction entre eux. Il ne reconnaissait pas les différences de caste ou les groupements sociaux, et la Voie qu'il prêchait était ouverte à tous les hommes et à toutes les femmes qui étaient prêts à la comprendre et à la suivre.

A l'âge de 80 ans, le Bouddha mourut à Kusinārā (dans le moderne Uttar Pradesh).

Aujourd'hui le bouddhisme est répandu à Ceylan, en Birmanie, Thaïlande, Cambodge, Laos, Vietnam, Tibet, Chine, Japon, Mongolie, Corée, Formose, dans quelques régions de l'Inde, au Pakistan et au Népal, et aussi en Union soviétique. La population bouddhiste du monde dépasse 500 millions.

1

L'attitude mentale bouddhiste

Le Bouddha fut, parmi les fondateurs de religions, (s'il nous est permis de l'appeler le fondateur d'une religion, au sens populaire du terme) le seul instructeur qui ne prétendit pas être autre chose qu'un être humain pur et simple. D'autres maîtres ont été des incarnations divines ou se dirent inspirés par Dieu. Le Bouddha fut non seulement un être humain, mais il ne prétendit pas avoir été inspiré par un dieu ou par une puissance extérieure. Il attribua sa réalisation et tout ce qu'il acquit et accomplit, au seul effort et à la seule intelligence humaine. Un homme, seulement un homme, peut devenir un Bouddha. Chacun possède en lui-même la possibilité de le devenir, s'il le veut et en fait l'effort. Nous pouvons appeler le Bouddha un homme par excellence. Il fut si parfait en son « humanité » qu'on en vint plus tard à le regarder dans la religion populaire comme presque « surhumain ».

La situation humaine est suprême selon le bouddhisme. L'homme est son propre maître et il n'y a pas d'être plus élevé, ni de puissance qui siège, au-dessus de lui, en juge de sa destinée. « On est son propre refuge, qui d'autre pourrait être le refuge [1] ? » dit le Bouddha. Il exhortait ses disciples à « être un refuge pour eux-mêmes » et à ne jamais chercher refuge ou aide auprès d'un autre [2]. Il enseignait, encourageait et stimulait chacun à se développer et à travailler à son émancipation, car l'homme a le pouvoir, par son effort personnel et par son

1. Dhp XII, 4.
2. D II (Colombo, 1929), p. 62. (*Mahāparinibbāna-sutta*).

intelligence, de se libérer de toute servitude. Le Bouddha dit : « Vous devez faire votre travail vous-mêmes ; les *Tathāgata* [3] enseignent la voie [4]. » Si le Bouddha doit être appelé un « sauveur » c'est seulement en ce sens qu'il a découvert et indiqué le Sentier qui conduit à la Libération, au *Nirvāṇa*. Mais c'est à nous de marcher sur le sentier.

C'est selon ce principe de responsabilité individuelle que le Bouddha accorde toute liberté à ses disciples. Dans le *Mahāparinibbāna-sutta*, le Bouddha dit qu'il n'a jamais pensé à diriger le *Saṅgha* (l'Ordre monastique [5]), ni voulu que le *Saṅgha* dépende de lui. Il disait qu'il n'y avait pas de doctrine ésotérique dans son enseignement, que rien n'était caché « dans le poing fermé de l'instructeur » *(ācariya-muṭṭhi)*, autrement dit, qu'il n'avait « rien en réserve [6] ».

La liberté de pensée permise par le Bouddha ne se rencontre nulle part ailleurs dans l'histoire des religions. Cette liberté est nécessaire, selon lui, parce que l'émancipation de l'homme dépend de sa propre compréhension de la Vérité, et non pas de la grâce bénévolement accordée par un dieu ou quelque puissance extérieure en récompense d'une conduite vertueuse et obéissante.

Le Bouddha passait une fois par une petite ville appelée Kesaputta, dans le royaume de Kosala. Ses habitants étaient connus sous le nom de Kālāma. Lorsqu'ils apprirent que le Bouddha se trouvait chez eux, les Kālāma lui rendirent visite et lui dirent :

« Seigneur, des solitaires et des *brāhmaṇa* qui passent par Kesaputta, exposent et exaltent leurs propres doctrines et ils condamnent et méprisent les doctrines des autres. Puis viennent

3. *Tathāgata*, lit. « celui qui est arrivé à la Vérité », c'est-à-dire « celui qui a découvert la Vérité ». C'est le terme employé d'ordinaire par le Bouddha quand il se réfère à lui-même ou aux Bouddha en général.

4. Dhp XX, 4.

5. *Saṅgha*, lit. « communauté ». Dans le bouddhisme, ce terme désigne « la communauté des moines bouddhistes ». Le *Bouddha*, le *Dhamma* (l'Enseignement), et le *Saṅgha* (l'Ordre) sont connus sous le nom de *Tisarana* « Les Trois Refuges » ou *Tiratana* (Skt. *Triratna*) le « Triple Joyau ».

6. D II (Colombo, 1929), p. 62.

d'autres solitaires et *brāhmaṇa* qui eux aussi, à leur tour, exposent et exaltent leurs propres doctrines et ils condamnent et méprisent les doctrines des autres. Mais pour nous, Seigneur, nous restons toujours dans le doute et la perplexité quant à celui de ces vénérables solitaires et *brāhmaṇa* qui a exprimé la vérité et quant à celui qui a menti. »

Le Bouddha leur donna alors cet avis, unique dans l'histoire des religions :

« Oui, Kālāma, il est juste que vous soyez dans le doute et dans la perplexité, car le doute s'est élevé en une matière qui est douteuse. Maintenant, écoutez, Kālāma, ne vous laissez pas guider par des rapports, par la tradition ou par ce que vous avez entendu dire. Ne vous laissez pas guider par l'autorité de textes religieux, ni par la simple logique ou l'inférence, ni par les apparences, ni par le plaisir de spéculer sur des opinions, ni par des vraisemblances possibles, ni par la pensée « il est notre Maître ». Mais, Kālāma, lorsque vous savez par vous-mêmes que certaines choses sont défavorables *(akusala)*, fausses et mauvaises, alors, renoncez-y... Et lorsque par vous-mêmes vous savez que certaines choses sont favorables *(kusala)* et bonnes, alors, acceptez-les et suivez-les [7]. »

Le Bouddha dit aux bhikkhu qu'un disciple devrait même examiner le *Tathāgata* (Bouddha) lui-même, de manière qu'il (le disciple) pût être entièrement convaincu de la valeur véritable du Maître qu'il suit [8].

Selon l'enseignement du Bouddha, le doute *(vicikicchā)* est un des Cinq Empêchements *(nīvaraṇa [9])* à la compréhension claire de la Vérité et au progrès spirituel (en fait, à n'importe quelle sorte de progrès). Le doute n'est pas un « péché », parce qu'il n'y a aucun dogme qui doive être cru dans le bouddhisme. En fait, il n'y a pas de « péché » selon le bouddhisme, à la manière dont on l'entend dans certaines religions. Les racines de tout mal sont l'ignorance *(avijjā)* et les vues fausses *(micchā diṭṭhi)*.

7. A (Colombo, 1929), p. 115.
8. *Vīmaṃsaka-sutta*, n° 47 du M.
9. Les Cinq Empêchements sont : 1. la convoitise sensuelle, 2. la malveillance, 3. la torpeur physique et mentale et la langueur, 4. l'inquiétude et le tracas, 5. le doute.

C'est un fait indéniable qu'aussi longtemps qu'il y a doute, perplexité, incertitude, aucun progrès n'est possible. C'est également un fait indéniable qu'il doit y avoir doute aussi longtemps qu'on ne comprend pas, qu'on ne voit pas clairement. Mais pour progresser plus avant on doit nécessairement se débarrasser du doute. Pour le faire, il faut qu'on voie clairement.

Cela n'a pas de sens de dire qu'on ne devrait pas douter, qu'on devrait croire. Dire simplement « je crois » ne signifie pas qu'on comprenne et qu'on voie. Lorsqu'un étudiant travaille sur un problème mathématique, il arrive, à un moment, à un point où il ne sait plus comment avancer et où il se trouve plongé dans le doute et la perplexité. Aussi longtemps qu'il a ce doute, il ne peut pas avancer. S'il veut aller plus avant, il doit résoudre ce doute. Il y a des moyens pour y arriver. Dire simplement « je crois » ou « je ne doute pas » ne résoudra certainement pas le problème. Se forcer à croire à une chose et à l'accepter sans la comprendre peut réussir en politique, mais ne convient pas dans les domaines spirituel et intellectuel.

Le Bouddha tenait toujours à dissiper le doute. Quelques minutes avant sa mort même, il sollicita plusieurs fois ses disciples de le questionner au cas où ils garderaient des doutes sur son enseignement afin qu'ils n'aient pas à se désoler plus tard de ne pouvoir les dissiper. Mais comme ses disciples gardaient le silence, il leur dit encore : « Si c'est par respect pour le Maître que vous ne posez pas de question, que l'un de vous cependant informe son ami » (C'est-à-dire que l'un de vous le dise à son ami afin que celui-ci puisse poser la question de sa part [10]).

Non seulement la liberté de pensée, mais aussi la tolérance permise par le Bouddha surprennent celui qui étudie l'histoire des religions. Une fois, à Nālandā, un chef de famille important et riche, nommé Upāli, disciple laïc bien connu de Nigaṇṭha Nātaputta (Jaina Mahāvīra), fut spécialement envoyé par Mahāvīra lui-même, pour rencontrer le Bouddha et vaincre celui-ci dans une controverse sur la théorie du *karma*, car la

10. D II (Colombo, 1929), p. 95 ; A (Colombo, 1929), p. 239.

manière de voir du Bouddha était différente de celle de Mahāvīra sur ce sujet [11]. Contrairement à son attente, Upāli fut tout à fait convaincu que la manière de voir du Bouddha était juste et que celle de son maître était fausse. Il demanda donc au Bouddha de l'admettre comme disciple laïc *(upāsaka)*. Mais celui-ci le pria de réfléchir et de ne pas être trop pressé « car réfléchir soigneusement est bon pour des gens renommés comme vous ». Lorsque Upāli exprima de nouveau son désir, le Bouddha lui demanda de continuer à respecter et à soutenir son vieux maître religieux comme il l'avait fait jusqu'alors [12].

Au IIIe siècle avant J.-C., le grand empereur bouddhiste de l'Inde, Asoka, suivant ce noble exemple de tolérance et de compréhension, honora et soutint toutes les autres religions de son vaste empire. Dans un de ses édits gravés dans le roc, dont l'inscription originale est encore lisible aujourd'hui, l'empereur déclarait :

« On ne devrait pas honorer seulement sa propre religion et condamner les religions des autres, mais on devrait honorer les religions des autres pour cette raison-ci ou pour cette raison-là. En agissant ainsi on aide à grandir sa propre religion et on rend aussi service à celles des autres. En agissant autrement, on creuse la tombe de sa propre religion et on fait aussi du mal aux religions des autres. Quiconque honore sa propre religion et condamne les religions des autres, le fait bien entendu par dévotion à sa propre religion, en pensant « je glorifierai ma propre religion ». Mais, au contraire, en agissant ainsi, il nuit gravement à sa propre religion. Ainsi la concorde est bonne : que tous écoutent et veuillent bien écouter les doctrines des autres religions [13]. »

Nous devons ajouter ici que cet esprit de compréhension sympathique devrait être appliqué aujourd'hui, non seulement en matière de doctrines religieuses, mais aussi bien en matière de doctrines nationales, politiques, sociales et économiques.

11. Mahāvīra, fondateur du jaïnisme, fut un contemporain du Bouddha; il était probablement plus vieux que ce dernier de quelques années.

12. *Upāli-sutta*, n° 56 du M.

13. Rock Edict XII.

Cet esprit de tolérance et de compréhension a été, depuis le début, un des idéaux les plus chers de la culture et de la civilisation bouddhistes. C'est pourquoi on ne rencontre pas un seul exemple de persécution, ni une goutte de sang versée dans la conversion des gens au bouddhisme, ni dans sa propagation au cours d'une histoire longue de deux mille cinq cents ans. Il s'est répandu sur tout le continent asiatique et il compte, aujourd'hui, plus de cinq cents millions d'adeptes.

On demande souvent si le bouddhisme est une religion ou une philosophie. Peu importe comment on l'appelle. Le bouddhisme reste ce qu'il est, quelle que soit l'étiquette qu'on lui attache. L'étiquette importe peu. L'étiquette même de « bouddhisme » qu'on attache à l'enseignement du Bouddha a peu d'importance. Le nom qu'on lui donne n'est pas l'essentiel.

> « Qu'y a-t-il dans un nom ? Ce que nous appelons une rose,
> Sous un autre nom sentirait aussi bon. »

La Vérité n'a pas d'étiquette : elle n'est ni bouddhiste, ni chrétienne, ni hindoue, ni musulmane. La vérité n'est le monopole de personne. Les étiquettes sectaires sont un obstacle à la libre compréhension de la Vérité, et elles introduisent dans l'esprit de l'homme des préjugés malfaisants.

Cela est vrai non seulement en matière intellectuelle et spirituelle, mais aussi dans les relations humaines. Quand, par exemple, nous rencontrons un homme, nous ne le voyons pas comme un individu humain, mais nous mettons sur lui une étiquette l'identifiant en tant qu'Anglais, Français, Allemand, Américain ou Juif, et nous le considérons avec tous les préjugés associés dans notre esprit à cette étiquette. Le pauvre homme peut être entièrement exempt des attributs dont nous le chargeons.

Les gens affectionnent tellement les appellations discriminatoires qu'ils vont jusqu'à les appliquer à des qualités et à des sentiments humains communs à tout le monde. C'est ainsi qu'ils parlent de différentes « marques » de charité, par exemple de charité bouddhiste ou de charité chrétienne, et méprisent d'autres « marques » de charité. Mais la charité ne peut pas être sectaire. La charité est la charité, si c'est de la charité. Elle n'est ni chrétienne, ni bouddhiste, ni hindoue ou musulmane. L'amour d'une mère pour son enfant n'est ni bouddhiste, ni chrétien ni d'aucune autre qualification. C'est l'amour maternel. Les qualités ou les défauts, les sentiments humains comme l'amour, la charité, la compassion, la tolérance, la patience, l'amitié, le désir, la haine, la malveillance, l'ignorance, la vanité etc..., n'ont pas d'étiquette sectaire, ils n'appartiennent pas à une religion particulière. Le mérite ou le démérite d'une qualité ou d'un défaut n'est ni augmenté ni diminué par le fait qu'on le rencontre chez un homme qui professe une religion particulière, ou n'en professe aucune.

Il est sans importance, pour un chercheur de la Vérité, de savoir d'où provient une idée. L'origine et le développement d'une idée sont l'affaire de l'historien. En fait, pour comprendre la Vérité, il n'est pas nécessaire de savoir si l'enseignement vient du Bouddha ou de quelqu'un d'autre. L'essentiel est de voir la chose, de la comprendre. Il y a dans le *Majjhimā nikāya* (sutta n° 140), une histoire importante qui illustre cette idée.

Le Bouddha passa une fois la nuit dans le hangar d'un potier. Il y avait là aussi un jeune solitaire qui était arrivé avant lui [14]. Ils ne se connaissaient pas. Le Bouddha observa le comportement du solitaire et pensa en lui-même : « Agréables sont les manières de ce jeune homme. Il serait bon que je l'interroge. » Le Bouddha lui demanda donc : « O bhikkhu [15], au nom de qui

14. En Inde les hangars de potier sont spacieux ; ce sont des endroits calmes et tranquilles. On trouve des références dans les textes palis à des ascètes et à des solitaires comme au Bouddha lui-même, passant la nuit, au cours de leurs pérégrinations, dans le hangar d'un potier.

15. Il est intéressant de noter ici que le Bouddha s'adresse à ce solitaire comme « bhikkhu », terme utilisé pour les moines bouddhistes. Dans la suite on verra qu'il n'était pas un bhikkhu, un membre de l'Ordre du *Saṅgha*, car il demanda au Bouddha de l'admettre dans l'Ordre. Peut-être à l'époque du Bouddha le terme bhikkhu était-il quelquefois employé indifféremment même pour les autres ascètes, ou le Bouddha n'était-il pas très strict dans l'usage de ce terme. Bhikkhu signifie « mendiant », « celui qui mendie sa nourriture », et il est peut-être utilisé ici dans son sens littéral et original. Mais de nos jours le terme « bhikkhu » n'est utilisé que pour les moines bouddhistes, particulièrement dans les pays theravādin comme Ceylan, la Birmanie, la Thaïlande, le Cambodge et Chittagong (Pakistan oriental).

avez-vous quitté votre foyer ? Quel est votre Maître ? De qui aimez-vous la doctrine ?

— O ami, répondit le jeune homme, il y a le solitaire Gotama, un rejeton des Sakya, qui a quitté la famille des Sakya pour devenir un solitaire. Sur lui est répandue une haute réputation selon laquelle il est un *Arahant*, un pleinement Eveillé. Au nom de ce Bienheureux je suis devenu un solitaire. Il est mon Maître et j'aime sa Doctrine.

— Où vit en ce moment ce Bienheureux, l'*Arahant*, le pleinement Eveillé ? »

— Il y a dans les pays du nord, ami, une cité appelée Sāvatthi. C'est là que le Bienheureux, l'*Arahant*, le pleinement Eveillé, vit en ce moment.

— Avez-vous jamais vu ce Bienheureux ? Le reconnaîtriez-vous si vous le voyiez ?

— Je n'ai jamais vu ce Bienheureux et je ne le reconnaîtrais pas si je le voyais. »

Le Bouddha comprit que c'était en son nom que ce jeune homme inconnu avait quitté son foyer et qu'il était devenu un solitaire. Mais il dit, sans révéler sa propre identité : « O bhikkhu, je vais vous enseigner la doctrine. Ecoutez avec attention. Je vais parler.

— Très bien, ami », dit-il en acquiesçant.

Le Bouddha prononça, alors, pour le jeune homme, un discours remarquable, lui expliquant la Vérité, dont la substance sera donnée plus loin [16].

Ce fut seulement à la fin de ce discours que le jeune solitaire, dont le nom était Pukkusāti, comprit que celui qui lui parlait était le Bouddha lui-même. Alors, il se leva, se plaça devant le Bouddha, se prosterna devant le Maître, et s'excusa de l'avoir, dans son ignorance, appelé « ami » [17]. Enfin il pria le Bouddha

16. Dans le chapitre sur la troisième Noble Vérité, voir p. 61.

17. Le terme employé est *āvuso* qui signifie « ami ». C'est un terme de respect pour s'adresser à des égaux. Mais les disciples n'emploient jamais celui-ci quand ils s'adressent au Bouddha. Ils emploient celui de *bhante* qui signifie approximativement « seigneur ». Au temps du Bouddha, les membres de son Ordre monastique *(Saṅgha)* s'adressaient l'un à l'autre en employant le vocable *āvuso*, « ami ». Mais avant de mourir,

de lui donner l'ordination et de l'admettre dans l'Ordre monastique du *Saṅgha.*

Le Bouddha lui demanda s'il avait le bol à aumônes et les robes. (Un bhikkhu doit avoir trois robes et un bol à aumônes.) Lorsque Pukkusāti répondit négativement, le Bouddha dit que les *Tathāgata* ne donnaient l'ordination à quelqu'un que si celui-ci possédait le bol à aumônes et les trois robes. Pukkusāti partit alors à la recherche du bol et des robes, mais il fut malheureusement attaqué par une vache et mourut [18].

Quand cette triste nouvelle parvint, plus tard, au Bouddha, celui-ci déclara que Pukkusāti était un sage qui avait déjà vu la Vérité, qu'il avait déjà atteint l'avant-dernier état dans la compréhension du *Nirvāṇa,* qu'il était né dans un domaine où il deviendrait un *Arahant* [19] pour finalement trépasser et ne plus jamais revenir en ce monde [20].

Il apparaît très clairement dans ce récit que Pukkusāti, lorsqu'il écoutait le Bouddha et qu'il comprit son enseignement, ne savait pas qui lui parlait ni de qui était cet enseignement. Mais il vit la Vérité sans étiquette. Si le remède est bon, la maladie sera guérie. Peu importe de savoir qui l'a préparé et d'où il vient.

Presque toutes les religions sont basées sur la foi — une foi

---

le Bouddha dit aux jeunes moines qu'ils devaient appeler les anciens *Bhante* « Seigneur » ou *Āyasmā* « Vénérable ». Mais les anciens devaient s'adresser aux jeunes en les appelant *āvuso* « ami ». (D II, Colombo 1929, p. 95). Cette pratique a été suivie jusqu'à ce jour dans le *Saṅgha.*

18. On sait qu'en Inde, les vaches errent dans les rues. Il semble donc, d'après cette référence, que la tradition soit très ancienne. Mais les vaches sont en général dociles, et non pas sauvages et dangereuses.

19. L'*Arahant* est une personne qui s'est libérée elle-même de toutes souillures et impuretés telles que désir, haine, malveillance, ignorance, fierté, vanité, etc... Il a atteint le quatrième et le plus élevé des stades dans la compréhension du *Nirvāṇa,* et il est plein de sagesse, de compassion et de qualités nobles et pures de ce genre. Pukkusāti avait alors atteint seulement le troisième stade qui est appelé techniquement *Anāgāmi* « celui qui ne revient jamais ». Le second stade est appelé *Sakadāgāmi* « celui qui revient une fois » et le premier, *Sotāpanna* « celui qui est entré dans le courant ».

20. *Le pèlerin Kamanita* de Karl Gjellerup, semble avoir été inspiré par cette histoire de Pukkusāti.

plutôt « aveugle », semble-t-il. Mais dans le bouddhisme, l'accent est mis sur « voir », savoir, comprendre, et non pas sur foi ou croyance. Dans les textes bouddhiques on rencontre un mot *saddhā* (Skt. *śraddhā*) qui est généralement traduit par « foi » ou « croyance ». Mais *saddhā*, à vrai dire, n'est pas la foi comme telle, mais plutôt une sorte de « confiance » née de la conviction. Dans le bouddhisme populaire et aussi dans l'usage ordinaire qui en est fait dans les textes, le mot *saddhā* contient, on doit l'admettre, un élément de foi dans le sens où il signifie dévotion pour le Bouddha, le *Dhamma* (l'Enseignement) et le *Saṅgha* (l'Ordre).

Selon Asanga, le grand philosophe bouddhiste du IVe siècle après J.-C., *śraddhā* comporte trois aspects : 1. conviction entière et ferme qu'une chose est, 2. joie sereine pour les bonnes qualités, 3. aspiration ou souhait d'avoir la capacité d'accomplir un objet en vue [21].

Quoiqu'il en soit, la foi ou la croyance, telle qu'elle est comprise par les religions en général, n'a que peu de place dans le bouddhisme [22].

La question de croyance se pose quand il n'y a pas vision — vision dans tous les sens du mot. Du moment que vous voyez, la question de croyance disparaît. Si je vous dis que j'ai un joyau caché dans ma main fermée, la question de croyance se pose parce que vous ne le voyez pas vous-même. Mais si j'ouvre la main et vous montre le joyau, vous le verrez alors vous-même et il n'est plus question de croire. C'est ainsi qu'il est dit dans les anciens textes : « Comprendre comme on voit un joyau (ou un myrobolan) dans la paume. »

Un disciple du Bouddha appelé Musīla dit à un autre moine : « Ami Saviṭṭha, sans dévotion, foi ou croyance [23], sans penchant

21. Abhisamuc, p. 6.

22. *The Role of the Miracle in Early Pali Literature*. Edith Ludowyk-Gyömrői traite ce sujet. Malheureusement cette thèse de doctorat en philosophie n'est pas encore publiée. Sur le même sujet, il y a un excellent article du même auteur dans *University of Ceylon Review*, vol. I, no 1 (avril 1943), p. 74 et suiv.

23. Ici le mot *saddhā* est employé dans le sens ordinaire et populaire de « dévotion, foi, croyance ».

ou inclination, sans ouï-dire ou tradition, sans considérer les raisons apparentes, sans me complaire dans les spéculations des opinions, je sais et je vois que la cessation du devenir est *Nirvāṇa* [24]. »

Et le Bouddha dit : « O bhikkhus, je dis que la destruction des souillures et des impuretés est l'affaire d'une personne qui sait et qui voit, et non d'une personne qui ne sait pas et ne voit pas [25]. »

C'est toujours une question de connaissance et de vision, non de croyance. L'enseignement du Bouddha est qualifié *ehi-passika,* vous invitant à « venir voir » et non pas à venir croire.

Les expressions employées dans les textes bouddhistes, indiquant qu'une personne a compris la Vérité, sont les suivantes : « L'œil de la Vérité sans poussière et sans tache *(dhamma-cakkhu)* s'est ouvert » ; « Il a vu la Vérité, il est passé au-delà du doute, il est sans incertitude » ; « Ainsi avec une sagesse juste, il voit cela comme cela est » *(yathā bhūtaṃ)* [26]. Faisant allusion à son propre Eveil, le Bouddha s'exprime ainsi : « L'œil était né, la connaissance était née, la sagesse était née, la science était née [27]. » Il s'agit toujours de voir par la connaissance ou la sagesse *(ñāṇa-dassana)* et non de croire par la foi.

Quand un homme est satisfait de l'enseignement du Bouddha, il loue le Maître en disant que cet enseignement est « comme si l'on redressait ce qui a été renversé ou révélait ce qui a été caché, ou montrait le sentier à un homme égaré, ou apportait une lampe dans l'obscurité pour que ceux qui ont des yeux puissent voir les choses qui les entourent ».

Ces expressions indiquent clairement que le Bouddha a ouvert les yeux des gens et les a invités à voir librement ; il ne leur a pas bandé les yeux en leur commandant de croire.

Cela fut de plus en plus apprécié en un temps où l'orthodoxie brahmanique insistait avec intolérance sur la croyance et sur

24. S II (PTS), p. 117.
25. S III (PTS), p. 152.
26. Par exemple, S V (PTS), p. 423 ; III, p. 103 ; M III (PTS), p. 19.
27. S V (PTS), p. 422.

l'acceptation de sa tradition et de son autorité comme révélant sans discussion la seule Vérité qu'il n'était pas permis de mettre en question.

Un groupe de brahmanes savants et réputés vint une fois trouver le Bouddha et ils eurent une longue discussion avec lui. L'un d'eux, un jeune brahmane de seize ans, nommé Kāpaṭhika, considéré par tous pour son esprit exceptionnellement brillant, posa cette question au Bouddha[28] : « Vénérable Gotama, il y a les anciens textes sacrés des brahmanes transmis de génération en génération par une tradition orale ininterrompue. En ce qui les concerne, les brahmanes en sont venus à la conclusion absolue : « Ceci seulement est la Vérité et toute autre chose est fausse. » Maintenant, qu'en dit le Vénérable Gotama ? »

Le Bouddha demanda : « Parmi les brahmanes, y a-t-il un seul brahmane qui prétende que, personnellement, il sait et voit que « Ceci seulement est la Vérité et toute autre chose est fausse » ?

Le jeune homme fut franc et dit : « Non ».

— Alors y a-t-il un seul instructeur ou un seul instructeur d'instructeurs de brahmanes, en remontant à la septième génération, ou même un seul de ces auteurs originaux de ces textes qui prétende qu'il sait et voit « Ceci seulement est la Vérité et toute autre chose est fausse » ?

— Non.

— Alors, c'est comme une file d'hommes aveugles, chacun se cramponnant au précédent ; le premier ne voit pas, celui du milieu ne voit pas et le dernier ne voit pas non plus. Ainsi il semble que l'état de brahmane soit comme celui de cette file d'hommes aveugles. »

Le Bouddha donna alors au groupe de brahmanes un avis d'une importance extrême : « Il n'est pas convenable pour un homme qui soutient (lit. protège) la Vérité, d'en venir à la conclusion : « Ceci seul est la Vérité et tout le reste est faux. »

Comme le jeune brahmane lui demandait d'expliquer cette idée de soutenir (de protéger) la Vérité, le Bouddha dit : « Un homme a une foi. S'il dit : « Ceci est ma foi », jusque-là il soutient

28. *Caṅkī-sutta*, n° 95 du M.

la Vérité. Mais par cela il ne peut pas s'avancer jusqu'à la conclusion absolue : « Ceci seulement est la Vérité et toute autre chose est fausse. » Autrement dit, un homme peut croire ce qu'il veut, et il peut dire « je crois ceci ». Jusque-là il soutient la Vérité. Mais parce que c'est sa croyance ou sa foi, il ne devrait pas dire que ce qu'il croit est seul la Vérité et que toute autre chose est fausse. »

Le Bouddha dit : « Etre attaché à une chose (à un point de vue) et mépriser d'autres choses (d'autres points de vue) comme inférieures, cela les sages l'appellent un lien [29]. »

Le Bouddha expliqua une fois à ses disciples [30] la doctrine de cause à effet et ils dirent qu'ils la voyaient et la comprenaient clairement. Il dit alors :

« O bhikkhus, même cette vue qui est si pure et si claire, si vous y êtes liés, si vous la chérissez, si vous la gardez comme un trésor, si vous vous êtes attachés à elle, alors, vous ne comprenez pas que l'enseignement est semblable à un radeau qui est fait pour traverser, mais non pour s'y attacher [31]. »

Ailleurs, le Bouddha explique cette parabole célèbre dans laquelle son enseignement est comparé à un radeau qui est fait pour traverser mais non pour le garder et le porter sur son dos :

« O bhikkhus, un homme est en voyage. Il arrive à une grande étendue d'eau dont la rive de son côté est dangereuse et effrayante, mais dont l'autre rive est sûre et sans danger. Il n'y a pas de bac pour gagner l'autre rive, ni de pont pour passer de cette rive à l'autre. Il pense : « Cette étendue d'eau est vaste et la rive de ce côté-ci est dangereuse et effrayante ; l'autre rive est sûre et sans danger. Il n'y a pas de bac pour gagner l'autre rive et il n'y a pas de pont pour passer de cette rive à l'autre. Il serait bon que je rassemble de l'herbe, du bois, des branches et des feuilles et que je fasse un radeau et qu'à l'aide de ce radeau, je passe en sécurité sur l'autre rive, me servant de mes mains et de mes pieds. » Alors cet homme, ô bhikkhus, rassemble de l'herbe, du bois, des branches et des feuilles et fait un radeau et

29. Sn (PTS), p. 151 (v. 798).
30. *Mahātaṇhāsaṅkhaya-sutta*, nº 38 du M.
31. M I (PTS), p. 260.

à l'aide de ce radeau il passe en sécurité sur l'autre rive, se servant de ses mains et de ses pieds. Ayant traversé et ayant gagné l'autre rive, il pense : « Ce radeau m'a été d'un grand secours. A l'aide de ce radeau je suis passé en sécurité sur l'autre rive, me servant de mes mains et de mes pieds. Il serait bon que je porte ce radeau sur ma tête ou sur mon dos partout où il me plaira d'aller. » Que pensez-vous, ô bhikkhus ? En agissant de cette manière, cet homme agirait-il convenablement en ce qui concerne ce radeau ?

— Non, Seigneur.

— Alors, en agissant de quelle manière agira-t-il convenablement en ce qui concerne ce radeau ? Maintenant, ayant traversé et étant passé de l'autre côté, cet homme pense : « Ce radeau m'a été d'un grand secours. A l'aide de ce radeau je suis passé en sécurité sur l'autre rive, me servant de mes mains et de mes pieds. Il serait bon que je dépose ce radeau à terre (sur la rive) ou que je le laisse à flot et que je m'en aille où il me plaira. » Agissant de cette manière, cet homme agit convenablement en ce qui concerne ce radeau.

« De même, ô bhikkhus, j'ai enseigné une doctrine semblable à un radeau — elle est faite pour traverser et non pour la porter (lit. pour la saisir). Vous, ô bhikkhus, qui comprenez que l'enseignement est semblable à un radeau, vous devriez abandonner même les bonnes choses *(dhamma)*, et combien plus encore les mauvaises *(adhamma)* [32]. »

Il est bien clair, d'après cette parabole, que l'enseignement du Bouddha vise à conduire l'homme à la sécurité, à la paix, au bonheur, à la compréhension du *Nirvāṇa*. Toute la doctrine qu'il enseigne tend vers ce but. Il n'a pas dit des choses destinées simplement à la satisfaction de la curiosité intellectuelle. Il était un instructeur pratique et n'enseignait que ce qui apporterait à l'homme paix et bonheur.

Le Bouddha résidait une fois dans la forêt de Siṃsapā à

32. M I (PTS), pp. 134-135. *Dhamma* signifie ici, selon le Commentaire, les hauts accomplissements spirituels aussi bien que les vues pures et les idées pures. L'attachement à ces choses mêmes, si hautes et si pures qu'elles puissent être, devrait être abandonné ; combien plus donc on devrait se détacher des choses néfastes et mauvaises. MA II (PTS), p. 109.

Kosambi (Skt. Kausambi, près d'Allahabad). Il prit quelques feuilles dans sa main et demanda à ses disciples : « Que pensez-vous, ô bhikkhus ? Quelles sont les plus nombreuses ? Ces quelques feuilles dans ma main ou les feuilles qui sont dans la forêt ?

— Seigneur, très peu nombreuses sont les feuilles tenues dans la main du Bienheureux, mais certainement les feuilles dans la forêt de Siṃsapā sont beaucoup plus abondantes.

— De même, bhikkhus, de ce que je sais, je ne vous ai dit qu'un peu, ce que je ne vous ai pas dit est beaucoup plus. Et pourquoi ne vous ai-je pas dit (ces choses) ? Parce que ce n'est pas utile et ne conduit pas au *Nirvāṇa*. C'est pourquoi je ne vous ai pas dit ces (choses) [33]. »

Pour nous il est futile, comme quelques érudits tentent vainement de le faire, d'essayer de spéculer sur ce que savait le Bouddha et qu'il ne nous a pas dit.

Le Bouddha ne s'intéressait pas à la discussion de questions métaphysiques inutiles, qui sont purement spéculatives et qui créent des problèmes imaginaires. Il les considérait comme un « désert d'opinions ». Il semble que parmi ses propres disciples, il y en eut quelques-uns qui n'apprécièrent pas cette attitude. Car nous avons l'exemple d'un de ses disciples, Māluṅkyaputta, qui posa au Bouddha dix questions classiques sur des problèmes métaphysiques et qui réclama des réponses [34].

Un jour, Māluṅkyaputta se leva après sa méditation de l'après-midi, alla trouver le Bouddha, le salua, s'assit à son côté et dit :

« Seigneur, quand j'étais seul en méditation, cette pensée m'est venue : Il y a des problèmes inexpliqués, laissés de côté et rejetés par le Bienheureux. Ce sont : 1. l'univers est-il éternel ou 2. est-il non éternel, 3. l'univers est-il fini ou 4. est-il infini, 5. l'âme est-elle la même chose que le corps ou 6. l'âme est-elle une chose et le corps une autre chose, 7. le *Tathāgata* existe-t-il après la mort ou 8. n'existe-t-il pas après la mort, ou 9. existe-t-il et (à la fois) n'existe-t-il pas après la mort, ou 10. est-il non-existant et (à la fois) pas non-existant après la

33. S V (PTS), p. 437.
34. *Cūla-Māluṅkya-sutta*, n° 63 du M.

mort ? Ces problèmes, le Bienheureux ne me les explique pas. Cela (cette attitude) ne me plaît pas, je ne l'apprécie pas. J'irai vers le Bienheureux et je l'interrogerai à ce propos. S'il ne me l'explique pas, je quitterai alors l'Ordre et je m'en irai. Si le Bienheureux sait que l'univers est éternel, qu'il me l'explique donc. Si le Bienheureux sait que l'univers n'est pas éternel, qu'il le dise. Si le Bienheureux ne sait pas si l'univers est éternel ou non, etc..., alors pour une personne qui ne sait pas, il est loyal de dire : « Je ne sais pas, je ne vois pas. »

La réponse de Bouddha à Māluṅkyaputta devrait être bienfaisante pour beaucoup de millions de gens qui, dans le monde, aujourd'hui, perdent un temps précieux à des questions métaphysiques de ce genre et troublent inutilement la paix de leur esprit :

« T'ai-je jamais dit, Māluṅkyaputta : « Viens, Māluṅkyaputta, mène la vie sainte sous ma direction, je t'expliquerai ces questions ? »

— Non, Seigneur.

— Alors, Māluṅkyaputta, toi-même, m'as-tu dit : « Seigneur, je mènerai la vie sainte sous la direction du Bienheureux et le Bienheureux m'expliquera ces questions ? »

— Non, Seigneur.

— Même maintenant, Māluṅkyaputta, je ne te dis pas : « Viens et mène la vie sainte sous ma direction, je t'expliquerai ces questions. » Et tu ne me dis pas non plus : « Seigneur, je mènerai la vie sainte sous la direction du Bienheureux et il m'expliquera ces questions. » Dans ces conditions, sot que tu es, personne ne rejette personne [35].

« Māluṅkyaputta, si quelqu'un dit : « Je ne mènerai pas la vie sainte sous la direction du Bienheureux tant qu'il n'aura pas expliqué ces questions », il pourra mourir sans que ces questions reçoivent de réponse du *Tathāgata*. Tout comme, Māluṅkyaputta, (suppose que) un homme soit blessé par une flèche fortement empoisonnée. Ses amis et ses parents amènent un chirurgien. Et l'homme dit : « Je ne laisserai pas retirer cette flèche avant

35. C'est-à-dire que tous deux sont libres et qu'aucun n'a d'obligations à l'égard de l'autre.

de savoir qui m'a blessé : s'il est un *Kṣatriya* (caste des guerriers) ou un *Brāhmaṇa* (caste des prêtres) ou un *Vaiśya* (caste des marchands et des agriculteurs) ou un *Śūdra* (basse caste) ; quel est son nom, quelle est sa famille ; s'il est grand, petit ou de taille moyenne ; de quel village, ville ou cité il vient ; je ne laisserai pas retirer cette flèche avant de savoir avec quelle sorte d'arc on a tiré sur moi ; avant de savoir quelle corde a été employée sur l'arc ; avant de savoir quelle plume a été employée sur la flèche ; avant de savoir de quelle manière était faite la pointe de la flèche. » Māluṅkyaputta, cet homme mourrait sans savoir ces choses. De même, Māluṅkyaputta, si quiconque dit : « Je ne mènerai pas la vie sainte sous la direction du Bienheureux avant qu'il ne donne une réponse à ces questions, telles que l'univers est éternel ou il ne l'est pas, etc... », il mourrait avec ces questions laissées sans réponse par le *Tathāgatha.* »

Le Bouddha explique alors à Māluṅkyaputta que la vie sainte ne dépend pas de ces opinions. Quelle que soit l'opinion qu'on puisse avoir sur ces problèmes, il y a la naissance, la vieillesse, la décrépitude, la mort, le malheur, les lamentations, la douleur, la peine, la détresse, « dont je déclare la Cessation (c'est-à-dire le *Nirvāṇa*) dans cette vie même ».

« Par conséquent, Māluṅkyaputta, conserve dans ton esprit ce que j'ai expliqué comme expliqué et ce que je n'ai pas expliqué comme non-expliqué. Quelles sont les choses que je n'ai pas expliquées ? Si cet univers est éternel ou s'il ne l'est pas etc... (ces dix opinions) je ne les ai pas expliquées. Pourquoi, Māluṅkyaputta, ne les ai-je pas expliquées ? Parce que ce n'est pas utile, que ce n'est pas fondamentalement lié à la vie sainte et spirituelle, que cela ne conduit pas à l'aversion, au détachement, à la cessation, à la tranquillité, à la pénétration profonde, à la réalisation complète, au *Nirvāṇa*. C'est pourquoi je n'en ai pas parlé.

« Alors Māluṅkyaputta, qu'ai-je expliqué ? J'ai expliqué *dukkha*, la naissance de *dukkha*, la cessation de *dukkha* et le chemin qui conduit à la cessation de *dukkha*[36]. Pourquoi

36. Ces Quatre Nobles Vérités sont expliquées dans les quatre chapitres suivants.

Māluṅkyaputta, ai-je expliqué ces choses ? Parce que c'est utile, que c'est fondamentalement lié à la vie sainte et spirituelle, que cela conduit à l'aversion, au détachement, à la cessation, à la tranquillité, à la pénétration profonde, à la réalisation complète, au *Nirvāṇa*. C'est pour cela que je les ai expliquées [37]. »

Nous allons parler maintenant des Quatre Nobles Vérités que le Bouddha dit avoir expliquées à Māluṅkyaputta.

37. Il semble que cet avis du Bouddha eut sur Māluṅkyaputta l'effet désiré, car il est dit ailleurs qu'il vint encore trouver le Bouddha pour recevoir de lui des instructions à la suite desquelles il devint un Arahant. (A. Colombo, 1929, pp. 345-346).

2

Les Quatre Nobles Vérités

La Première Noble Vérité : Dukkha

Le cœur de l'enseignement du Bouddha est contenu dans « les Quatre Nobles Vérités » *(Cattāri Ariyasaccāni)* qu'il exposa dans son premier sermon [1] devant ses anciens compagnons, les cinq ascètes, à Isipatana (moderne Sarnath), près de Bénarès. Dans ce sermon, tel qu'il nous est donné dans les textes originaux, ces quatre Vérités sont énoncées brièvement. Mais celles-ci se trouvent expliquées avec plus de détails et de différentes manières en de nombreux autres endroits des écritures. Si nous étudions les Quatre Nobles Vérités à l'aide de ces références et de ces explications, nous obtenons un assez bon exposé, suffisamment précis, des enseignements essentiels du Bouddha, tels que ceux-ci ressortent des textes originaux.

Les Quatre Nobles Vérités sont :

1. *Dukkha* [2],
2. *Samudaya*, l'apparition ou l'origine (de *dukkha*),
3. *Nirodha*, la cessation (de *dukkha*),
4. *Magga*, le sentier (qui conduit à la cessation de *dukkha*).

La Première Noble Vérité : Dukkha.

La Première Noble Vérité *(Dukkha-ariyasacca)* est généralement traduite par la plupart des érudits : « La Noble Vérité

1. *Dhammacakkappavattana-sutta.* « Mise en route de la Roue de la Loi ». Mhvg (Alutgama, 1922), p. 9 et suiv. ; S V (PTS), p. 420 et suiv. Voir en appendice la traduction du *Sutta*, p. 122.

2. L'auteur ne veut pas donner de ce terme un équivalent en français pour les raisons données plus loin.

de la Souffrance », et elle est interprétée comme signifiant que la vie ne serait, selon le Bouddha, que souffrance et douleur. Cette traduction et cette interprétation sont tout à fait insuffisantes et trompeuses. C'est par suite de cette traduction trop étroite, libre et facile, et de l'interprétation superficielle à laquelle elle conduit, que beaucoup de personnes tiennent, à tort, le bouddhisme pour une doctrine pessimiste.

Disons avant tout que le bouddhisme n'est ni pessimiste ni optimiste. Si on devait lui donner un qualificatif, ce serait celui de réaliste qui conviendrait. Sa vision de la vie et du monde est absolument réaliste. Il regarde les choses objectivement *(yathābhūtaṃ)*. Il ne cherche pas à nous bercer de l'illusion que nous vivons dans un paradis trompeur, il ne cherche pas non plus à nous effrayer par toutes sortes de péchés et de craintes imaginaires. Il nous dit objectivement ce que nous sommes et ce qu'est le monde qui nous entoure ; il nous montre le sentier de la liberté parfaite, de la paix, du calme et du bonheur.

Un médecin peut gravement exagérer une maladie et renoncer à l'espoir de la traiter. Un autre pourra au contraire affirmer par ignorance qu'il n'y a pas de maladie et qu'aucun traitement n'est nécessaire, trompant ainsi son malade par de fausses assurances. On peut appeler l'un pessimiste et l'autre optimiste. Tous deux sont également dangereux. Mais un troisième médecin pourra faire un diagnostic correct, comprendre la cause et la nature de la maladie, voir clairement qu'elle peut être traitée ; il administrera courageusement le remède convenable et sauvera son patient. Le Bouddha est semblable à ce médecin. Il est le sage et savant docteur des maux du monde (*Bhisakka* ou *Bhaiṣajya-guru*).

Il est vrai que dans l'usage courant le mot pali *dukkha* (*duḥkha* en sanskrit) a le sens de « souffrance », « douleur », « peine », « misère », par opposition au mot *sukha* qui signifie « bonheur », « aise », « bien-être ». Mais le terme *dukkha* en tant qu'il exprime la Première Noble Vérité qui représente le point de vue du Bouddha sur la vie et le monde, revêt un sens plus profondément philosophique et comporte des significations beaucoup plus étendues. On admet que le mot *dukkha*, dans l'énoncé de la Première Noble Vérité, comporte évidemment le sens courant de « souffrance », mais qu'en plus il implique les notions plus profondes d' « imperfection », d' « impermanence », de « conflit », de « vide », de « non-substantialité ». Il est donc bien difficile de trouver un mot qui embrasse tout ce que contient le terme *dukkha* dans l'énoncé de la Première Noble Vérité. Par conséquent il vaut mieux s'abstenir de le traduire que de risquer d'en donner une notion inadéquate et fausse en le rendant simplement par « souffrance » ou « douleur ».

Le bonheur et la souffrance sont relatifs. La vie ne peut pas être uniquement bonheur ou souffrance. Le Bouddha ne nie pas le bonheur qu'on rencontre dans la vie quand il constate qu'il y a de la souffrance. Il admet au contraire qu'il y a différentes formes de bonheur, matériel et spirituel, pour les laïcs aussi bien que pour les moines. Dans l'*Aṅguttara-nikāya* qui est l'un des recueils originaux en pali contenant les discours du Bouddha, on trouve une énumération de différentes formes de bonheur *(sukhāni)* tel que le bonheur de la vie de famille, de la vie solitaire, des plaisirs des sens, du renoncement, de l'attachement et du détachement, le bonheur physique et le bonheur mental, etc.[3]. Mais tout cela est inclus dans *dukkha*. Même les très purs états spirituels de *dhyāna* (recueillement) atteints par la pratique de la plus haute méditation, libres même de l'ombre de la souffrance dans le sens ordinaire du mot, décrits comme un bonheur sans mélange ; même l'état de *dhyāna* qui est libéré de toute sensation agréable *(sukha)* ou désagréable *(dukkha)* et qui n'est plus que sérénité et attention pure — même ces très hauts états spirituels sont compris dans *dukkha*. Dans un des *sutta* du *Majjhima-nikāya* (un des cinq recueils originaux), le Bouddha, après avoir fait l'éloge du bonheur spirituel de ces *dhyāna*, dit qu'ils sont « impermanents, *dukkha* et sujets au changement » *(aniccā dukkhā vipariṇāmadhammā)* [4]. Il convient de noter que le mot *dukkha* est ici employé explicitement. Ces états sont *dukkha* non pas parce qu'ils comporteraient de la « souffrance » au sens ordinaire, mais parce que « tout ce qui est impermanent est *dukkha* » *(yad aniccaṃ taṃ dukkhaṃ)*.

3. A (Colombo, 1929), p. 49.
4. *Mahādukkhakkhandha-sutta*, M I (PTS), p. 90.

Le Bouddha était réaliste et objectif. Il a dit qu'en ce qui concerne la vie et les plaisirs des sens, trois choses devraient être comprises clairement : 1. l'attraction ou jouissance *(assāda)*, 2. les conséquences mauvaises, le danger, l'insatisfaction *(ādīnava)* et 3. la libération *(nissaraṇa)* [5].

D'après cela il est évident que ce n'est pas une question de pessimisme ou d'optimisme, mais que nous devons tenir compte des plaisirs de la vie aussi bien que de ses douleurs et de ses peines, et également de la possibilité de s'en libérer afin de comprendre la vie objectivement. C'est ainsi seulement que la libération véritable deviendra possible. Le Bouddha dit à ce sujet :

« O bhikkhus, si les solitaires ou *brāhmaṇa* ne comprennent pas objectivement de cette manière la jouissance des plaisirs des sens comme jouissance, leur insatisfaction comme insatisfaction, la libération à leur égard comme libération, il n'est alors pas possible qu'ils comprennent par eux-mêmes d'une façon certaine et complète le désir pour les plaisirs des sens, ni qu'ils soient capables d'instruire à cette fin une autre personne, ni que cette personne en suivant leur enseignement comprenne complètement le désir pour les plaisirs des sens. Mais, ô bhikkhus, si des solitaires ou *brāhmaṇa* comprennent objectivement de cette manière la jouissance des plaisirs des sens comme jouissance, l'insatisfaction de ceux-ci comme insatisfaction, la libération de ceux-ci comme libération, alors il leur sera possible de comprendre par eux-mêmes d'une façon certaine et complète le désir pour les plaisirs des sens et de pouvoir instruire à cette fin une autre personne et que cette personne en suivant leur enseignement comprenne complètement le plaisir des sens [6]. »

La notion de *dukkha* peut être considérée de trois points de vue différents :

1. *dukkha* en tant que souffrance ordinaire *(dukkha-dukkha)*, 2. *dukkha* en tant que souffrance causée par le changement *(vipariṇāma-dukkha)*, et 3. *dukkha* en tant qu'état conditionné *(saṃkhāra-dukkha* [7]*)*.

5. M I (PTS), p. 85 et suiv. ; S III (PTS), p. 27 et suiv.
6. M I (PTS), p. 87.
7. Vism (PTS), p. 499 ; Abhisamuc, p. 38.

Toutes sortes de souffrance, comme la naissance, la vieillesse, la maladie, la mort, l'association avec des personnes désagréables ou la dépendance de conditions déplaisantes, la séparation d'avec des êtres aimés ou la perte de conditions plaisantes, ne pas obtenir ce qu'on désire, la douleur, les lamentations, la détresse, — toutes les formes analogues de souffrance physique et mentale, qui sont universellement admises comme souffrance, sont comprises dans *dukkha* en tant que souffrance ordinaire *(dukkha-dukkha)*.

Un sentiment heureux ou une condition de vie heureuse, n'est pas permanent, n'est pas éternel. Un changement interviendra tôt ou tard. Quand il survient, il y a douleur, souffrance, peine. Cette vicissitude est comprise dans *dukkha* en tant que souffrance produite par le changement *(vipariṇāma-dukkha)*.

Il est facile de comprendre les deux aspects de *dukkha* qu'on vient de mentionner. Personne ne les niera. Ces deux aspects de la Première Noble Vérité sont plus connus parce qu'ils sont faciles à comprendre, et font partie de l'expérience courante de notre vie quotidienne.

Mais le troisième aspect de *dukkha* en tant qu'état conditionné *(saṃkhāra-dukkha)* est l'aspect philosophique le plus important de la Première Noble Vérité. Cet aspect nécessite quelques explications et il nous faudra analyser ce qu'on entend par « être », « individu » ou « moi ».

Ce que nous nommons « être », « individu » ou « moi », c'est seulement, selon la philosophie bouddhiste, une combinaison de forces ou d'énergies physiques et mentales en perpétuel changement, qu'on peut diviser en cinq groupes ou agrégats *(pañcakkhandha)*. Le Bouddha dit : « En résumé, ces cinq agrégats d'attachement sont *dukkha* [8]. » Ailleurs, il définit nettement *dukkha* comme étant les cinq agrégats : « O bhikkhus, qu'est-ce que *dukkha* ? Il faut dire que c'est les Cinq Agrégats de l'attachement [9]. » Il importe, ici, de bien comprendre que *dukkha* et les cinq agrégats ne sont pas des choses différentes ; les cinq agrégats sont eux-mêmes *dukkha*. Nous le comprendrons mieux

8. *Saṃkhittena pañcupādānakkhandhā dukkhā*. S V (PTS), p. 421.
9. S III (PTS), p. 158.

lorsque nous aurons une idée plus nette de ce que sont ces cinq agrégats dont l'ensemble est appelé un « être ». Que sont-ils donc ?

Les Cinq Agrégats : Le premier est l'Agrégat de la Matière *(rūpakkhanda)*. On désigne sous ce terme les quatre grands éléments traditionnels (symbolisés par la terre, l'eau, le feu, l'air) *(cattāri mahābhūtāni)* : solidité, fluidité, chaleur et mouvement et aussi les dérivés *(upādāya-rūpa)* de ces quatre grands éléments [10]. Sous ce terme de dérivés des quatre grands éléments, on comprend les cinq organes matériels des sens, à savoir les facultés de l'œil, de l'oreille, du nez, de la langue, du corps, et les objets qui leur correspondent dans le monde extérieur, c'est-à-dire les formes visibles, les sons, les odeurs, les saveurs et les choses tangibles, et également telles pensées, idées et conceptions qui appartiennent au domaine des objets mentaux *(dharmāyatana)* [11]. Le domaine entier de la matière, tant intérieur qu'extérieur, est ainsi englobé dans ce qu'on appelle l'Agrégat de la Matière.

Le second est l'Agrégat des Sensations *(vedanākkhanda)*. Sont comprises dans ce groupe toutes les sensations, plaisantes, déplaisantes ou neutres, que nous éprouvons dans les contacts des organes physiques et de l'organe mental avec le monde extérieur. Celles-ci sont de six sortes : sensations nées du contact de l'œil avec les formes visibles, de l'oreille avec les sons, du nez avec les odeurs, de la langue avec les saveurs, du corps avec les objets tangibles et de l'organe mental (qui constitue une sixième faculté dans la philosophie bouddhiste) avec les objets mentaux, pensées ou idées [12]. Toutes nos sensations, qu'elles soient d'ordre physique ou mental, sont comprises dans ce groupe.

Il convient, ici, de dire un mot de ce que la philosophie bouddhiste entend par « organe mental » *(manas)*. Il faut bien comprendre que l'organe mental n'est pas l' « esprit » par opposition à la « matière ». On devra toujours se rappeler que le

10. S III (PTS), p. 59.
11. Abhisamuc, p. 4.
12. S III (PTS), p. 59.

bouddhisme ne conçoit pas l'esprit comme s'opposant à la matière ainsi que cela est admis dans d'autres systèmes philosophiques. Pour lui, l'organe mental est seulement une faculté ou un organe *(indriya)* au même titre que l'œil ou l'oreille. Il peut être contrôlé et développé comme les autres facultés et le Bouddha parle très souvent de l'utilité de contrôler et de discipliner les six facultés. La différence entre l'œil et l'organe mental, en tant que facultés, réside seulement en ce que le premier perçoit le monde des couleurs et des formes visibles, tandis que le second perçoit le monde des idées, des pensées, qui sont les objets mentaux. Nous faisons l'expérience de domaines différents par le moyen de sens différents. Nous ne pouvons pas entendre les couleurs, mais nous les voyons. Nous ne pouvons pas non plus voir les sons, nous les entendons. Ainsi par nos cinq organes des sens physiques, l'œil, l'oreille, le nez, la langue, le corps, nous faisons l'expérience du monde des formes visibles, des sons, des odeurs, des saveurs, des objets tangibles. Mais ceux-ci ne constituent qu'une partie du monde, non la totalité. Et les idées, les pensées ? Elles font pourtant elles aussi partie du monde, mais elles ne peuvent pas être perçues au moyen de l'œil, de l'oreille, etc. Elles sont perçues par une autre faculté qui est l'organe mental. Les idées et les pensées ne sont pas indépendantes du monde extérieur dont les cinq facultés physiques font l'expérience. Elles dépendent en fait de ces expériences physiques et elles sont conditionnées par celles-ci. C'est ainsi qu'une personne née aveugle ne peut pas se faire une idée des couleurs, sauf par des analogies sonores ou autres, éprouvées par d'autres facultés. Les idées et les pensées qui font partie du monde où nous vivons sont donc produites et conditionnées par des sensations de nature physique et elles sont conçues par l'organe mental *(manas)*, qui est donc conçu comme une faculté sensible ou comme un organe *(indriya)* à l'instar de l'œil, de l'oreille, etc.

Le troisième agrégat est l'Agrégat des Perceptions *(saññākkhandha)*. De même que les sensations, les perceptions sont également de six sortes, en relation avec les six facultés intérieures et les six sortes d'objets extérieurs. Comme les sensations, elles résultent de la mise en rapport de nos six facultés avec le monde extérieur. Ce sont les perceptions qui reconnaissent les objets physiques ou mentaux [13].

Le quatrième agrégat est l'Agrégat des Formations Mentales [14] *(saṃkhārakkhandha)*. Ce groupe comprend tous les actes volitionnels bons ou mauvais. Ce qui est connu généralement sous le nom de *karma* (Pali : *kamma*) figure dans ce groupe. La définition du *karma* par le Bouddha doit être rappelée ici : « C'est la volition *(cetanā)*, ô bhikkhus, que j'appelle *karma*. Ayant voulu, on agit au moyen du corps, de la parole et de l'organe mental [15]. » « La volition est une construction mentale, une activité mentale. Sa fonction est de diriger l'esprit *(citta)* dans la sphère des actions bonnes, mauvaises ou neutres [16]. » De même que les sensations et les perceptions, la volition a six formes : celles-ci sont en rapport avec les six facultés intérieures et les six sortes d'objets correspondants (physiques et mentaux) dans le monde extérieur [17]. Les sensations et les perceptions ne sont pas des actes volitionnels. Elles n'ont pas d'effets karmiques. Ce sont seulement les actions volitionnelles, telles que l'attention *(manasikāra)*, la volonté *(chanda)*, la détermination *(adhimokkha)*, la confiance *(saddhā)*, la concentration *(samādhi)*, la sagesse *(paññā)*, l'énergie *(viriya)*, le désir *(rāga)*, la répulsion ou la haine *(paṭigha)*, l'ignorance *(avijjā)*, la vanité *(māna)*, l'idée du soi *(sakkāya-diṭṭhi)*, etc., qui peuvent avoir des effets karmiques. On énumère cinquante-deux activités mentales qui constituent l'Agrégat des Formations Mentales.

Le cinquième agrégat est l'Agrégat de la Conscience *(viññāṇakkhandha* [18]*)*. La conscience est une réaction, une réponse,

13. S. III (PTS), p. 60.

14. « Formations mentales » est une expression généralement employée maintenant pour représenter le sens large du terme *saṃkhāra* dans la liste des Cinq Agrégats. *Saṃkhāra* dans d'autres contextes peut signifier n'importe quelle chose conditionnée, n'importe quelle chose dans le monde : dans ce sens-là, tous les Cinq Agrégats sont *saṃkhāra*.

15. A (Colombo, 1929), p. 590. *Cetanā'haṃ bhikkhave kammaṃ vadāmi. Cetayitvā kammaṃ karoti kāyena vācā manasā.*

16. Abhisamuc, p. 6.

17. S. III (PTS), p. 60.

18. Selon la philosophie bouddhiste du Mahāyāna, l'Agrégat de la conscience présente trois aspects : *citta, manas* et *vijñāna*, et l'*Ālaya-*

qui a pour base une des six facultés (œil, oreille, nez, langue, corps et esprit) et qui a pour objet un des phénomènes extérieurs correspondants (formes visibles, sons, odeurs, saveurs, choses tangibles et objets mentaux, c'est-à-dire les idées et pensées). Par exemple, la conscience visuelle *(cakkhu-viññāṇa)* a pour base l'œil et pour objet une forme visible. La conscience mentale *(mano-viññāṇa)* a pour base l'organe mental *(manas)* et l'idée ou la pensée *(dhamma)* pour objet. Il en est de même pour la conscience liée aux autres facultés. Ainsi donc, comme la sensation, la perception et la volition, la conscience a six formes en relation avec les six facultés intérieures et en correspondance avec les six sortes d'objets extérieurs [19].

Il faut bien comprendre que la conscience ne reconnaît pas un objet, elle est seulement un acte d'attention, d'attention à la présence d'un objet. Quand l'œil entre en contact avec une couleur, le bleu par exemple, la conscience visuelle apparaît qui n'est simplement qu'attention à une couleur (le fait de s'aviser de la présence d'une couleur) ; mais elle ne reconnaît pas que c'est du bleu. Il n'y a pas de reconnaissance à ce stade. C'est la perception (le troisième Agrégat dont nous avons parlé plus haut) qui reconnaît que la couleur est bleue. Le terme « conscience visuelle » est une expression philosophique qui répond à la même idée que celle exprimée par le terme ordinaire de « vision ». « Voir », en effet, ne veut pas dire « reconnaître » ; on peut faire la même observation pour chacune des autres formes de conscience.

Il faut répéter que d'après la philosophie bouddhiste, il n'y a pas d'esprit permanent, immuable, qui puisse être appelé « soi », « âme » ou « ego », par opposition à la matière et que la conscience *(viññāṇa)* ne doit pas être considérée comme esprit par opposition à la matière. On doit particulièrement insister sur ce point parce que la notion erronée que la conscience est une sorte de Soi, ou d'Ame qui se maintient, formant une

---

vijñāna (la « conscience-tréfonds, selon la traduction courante) a sa place dans cet Agrégat. Une étude détaillée et comparée sur ce sujet se trouvera dans un ouvrage, à paraître, du même auteur sur la Philosophie bouddhiste.

19. S III (PTS), p. 61.

essence permanente, tout au long de la vie, a persisté depuis les temps les plus reculés jusqu'à nos jours.

Un des disciples de Bouddha, nommé Sāti, soutenait que le Maître avait enseigné : « C'est la même conscience qui transmigre et qui erre. » Le Bouddha lui demanda de lui expliquer ce qu'il entendait par « conscience ». La réponse de Sāti est classique : « C'est ce qui exprime, sent, éprouve les résultats des actions bonnes et mauvaises ici et là. »

« A qui m'avez vous entendu enseigner la doctrine de cette façon, O stupide ? N'ai-je pas, de beaucoup de manières, expliqué la conscience comme naissant de conditions ? Il n'y a pas de naissance de la conscience sans conditions. » Et le Bouddha se mit alors à expliquer la conscience en détail : « La conscience est nommée suivant la condition à cause de laquelle elle prend naissance : à cause de l'œil et des formes naît une conscience et elle est appelée conscience visuelle ; à cause de l'oreille et des sons naît une conscience et elle est appelée conscience auditive ; à cause du nez et des odeurs naît une conscience et elle est appelée conscience olfactive ; à cause de la langue et des saveurs naît une conscience et elle est appelée conscience gustative ; à cause du corps et des objets tangibles naît une conscience, et elle est appelée conscience tactile ; à cause de l'organe mental et des objets mentaux naît une conscience et elle est appelée conscience mentale. »

Et le Bouddha l'expliqua encore au moyen de l'illustration suivante : Un feu est nommé d'après le combustible qui l'alimente. Si c'est du bois on l'appelle un feu-de-bois ; si c'est de la paille on l'appelle un feu-de-paille. De même la conscience est nommée suivant la condition qui lui donne naissance [20].

Insistant sur cette question, Buddhaghosa, le grand commentateur, explique «... un feu qui brûle à cause du bois, brûle seulement s'il y a une provision (de combustible), mais il meurt en ce lieu même, s'il n'y a plus là de provision, parce qu'alors la condition a changé ; mais le feu ne se répand pas aux copeaux pour devenir un feu de copeaux et ainsi de suite ; de la même

20. *Mahātaṇhāsaṃkhaya-sutta*, M I (PTS), p. 256 et suiv.

manière la conscience qui naît à cause de l'œil et les formes visibles apparaît par cette porte de l'organe du sens (l'œil) seulement quand existent les conditions de l'œil, de la forme visible, de la lumière et de l'attention, mais elle (la conscience) cesse ici et maintenant quand elle (la condition) n'est plus là, parce qu'alors la condition a changé ; mais (la conscience) ne passe pas à l'oreille, etc. ... et ne devient pas conscience auditive, et ainsi de suite [21]. »

Le Bouddha a déclaré en termes non équivoques que la conscience dépend de la matière, de la sensation, de la perception et des formations mentales et qu'elle ne peut pas exister indépendamment de ces conditions. Il dit :

« La conscience peut exister ayant la matière pour moyen *(rūpupāyaṃ)*, la matière pour objet *(rūpārammaṇaṃ)*, la matière pour support *(rūpapatiṭṭhaṃ)*, et cherchant sa jouissance, elle peut croître, grandir, se développer ; ou bien la conscience peut exister en ayant la sensation pour moyen... ou la perception pour moyen... ou les formations mentales pour moyen, les formations mentales pour objet, les formations mentales pour support et cherchant sa jouissance elle peut croître, grandir, se développer.

« S'il y avait un homme pour dire : je montrerai l'apparition, le départ, la disparition, la naissance, la croissance, l'élargissement ou le développement de la conscience indépendemment de la matière, de la sensation, de la perception et des formations mentales, il parlerait de quelque chose qui n'existe pas [22]. »

En résumé, ce sont les Cinq Agrégats. Ce que nous appelons un « être », un « individu » ou « moi », est un nom commode, une étiquette que nous attachons à la combinaison de ces cinq constituants. Ceux-ci sont tous impermanents, en perpétuel changement. « Tout ce qui est impermanent est *dukkha.* » *(Yad aniccaṃ taṃ dukkhaṃ)*. C'est la véritable signification de ces mots du Bouddha : « En résumé, les cinq Agrégats d'Attachement sont *dukkha.* » Ceux-ci ne restent pas les mêmes à deux instants

21. MA II (PTS), pp. 306-307.
22. S III (PTS), p. 58.

consécutifs. Ici, A n'est pas égal à A. C'est un flux d'apparitions et de disparitions instantanées.

« O *Brāhmaṇa*, c'est tout à fait comme une rivière de montagne qui va loin et qui coule vite, entraînant tout avec elle ; il n'y a pas de moment, d'instant, de seconde où elle s'arrête de couler, mais elle va sans cesse coulant et continuant. Ainsi, *Brāhmaṇa*, est la vie humaine, semblable à cette rivière de montagne [23]. » Comme l'a dit le Bouddha à Raṭṭhapāla : « Le monde est un flux continu et il est impermanent. »

Une chose disparaît, conditionnant l'apparition de la suivante en une série de causes et d'effets. Il n'y a pas de substance invariable. Il n'y a rien derrière ce courant qui puisse être considéré comme un Soi permanent, une individualité, rien qui puisse être appelé réellement « moi » [24]. Mais quand ces Cinq Agrégats physiques et mentaux, qui sont interdépendants, travaillent ensemble, en association, comme une machine psycho-physiologique [25], nous formons l'idée d'un « moi ». C'est une notion fausse, une « formation mentale » qui n'est que l'une des cinquante-deux formations mentales du quatrième Agrégat dont nous avons déjà parlé : l'idée du soi *(sakkāya-diṭṭhi)*.

Ces Cinq Agrégats assemblés, que nous nommons un « être », sont *dukkha* même *(saṃkhāra-dukkha)*. Il n'y a pas d'autre « être » ou de « moi » qui se tienne derrière ces Cinq Agrégats, qui éprouve *dukkha*. Comme le dit Buddhaghosa :

« Seule la souffrance existe, mais on ne trouve aucun souffrant ;
Les actes sont, mais on ne trouve pas d'acteur [26]. »

Il n'y a pas de moteur immobile derrière le mouvement. Il

23. A (Colombo, 1929), p. 700. Ces paroles sont attribuées par le Bouddha à un Instructeur *(Satthā)* nommé Araka qui, exempt de désirs, vivait dans un passé obscur. Il est intéressant de se souvenir ici de la doctrine d'Héraclite (environ 500 av. J. C.) selon laquelle tout est dans un état de perpétuel changement et de son affirmation fameuse : « Vous ne pouvez jamais descendre deux fois dans la même rivière, car de nouvelles eaux s'écoulent toujours sur vous. »

24. La doctrine d'*Anatta* (« non-soi ») sera discutée dans le chap. VI.

25. En fait, Buddhaghosa compare un « être » à un mécanisme en bois *(dāruyanta)*.

26. Vism. (PTS), p. 513.

y a seulement le mouvement. Ce n'est pas correct de dire que c'est la vie qui se meut, ce qui est vrai, c'est que la vie est le mouvement lui-même. Vie et mouvement ne sont pas deux choses différentes. Il n'y a pas de penseur derrière la pensée. La pensée est elle-même le penseur. Nous ne pouvons pas manquer ici de remarquer combien cette idée bouddhiste s'oppose diamétralement au « *cogito ergo sum* » cartésien : « Je pense, donc je suis. »

On peut, maintenant, se demander si la vie a eu un commencement. Selon le Bouddha un commencement au courant vital des êtres vivants est inconcevable. Celui qui croit que la vie a été créée par Dieu sera surpris par cette réponse. Mais si on lui demande « Quel est le commencement de Dieu ? » il répondra sans hésitation : « Dieu n'a pas de commencement », et sa propre réponse ne lui causera aucun étonnement. Le Bouddha dit : « O bhikkhus, sans fin concevable est ce cycle de continuité *(saṃsāra)* et le premier commencement des êtres errants, tournant en rond, enveloppés d'ignorance *(avijjā)* et liés par les empêchements de la soif (désir, *taṇhā*) ne peut être conçu [27]. » Et rappelant encore que l'ignorance est la cause principale de la continuité, de la vie, le Bouddha déclare : « Le premier commencement de l'ignorance *(avijjā)* n'est pas perceptible de manière qu'on puisse postuler qu'il n'y eut pas d'ignorance au-delà d'un certain point défini [28]. » Il n'est donc pas possible de dire que la vie n'a pas existé au-delà d'un point défini.

Telle est, en résumé, la signification de la Noble Vérité sur *dukkha*. Il est capital de comprendre cette première Noble Vérité, car le Bouddha dit : « Celui qui voit *dukkha*, voit aussi la naissance de *dukkha* ; il voit aussi la cessation de *dukkha* et il voit aussi le sentier qui conduit à la cessation de *dukkha* [29]. »

Cette constatation ne rend pas du tout mélancolique ou désolée la vie d'un bouddhiste, comme certains seraient bien à tort tentés d'imaginer. Tout au contraire, un vrai bouddhiste

27. S II (PTS), pp. 178-179 ; III, pp. 149, 151.
28. A V (PTS), p. 113.
29. S V (PTS), p. 437. En fait, le Bouddha dit que celui qui voit n'importe laquelle des Quatre Nobles Vérités voit aussi les trois autres. Les Quatre Nobles Vérités sont en intercommunication réciproque.

est le plus heureux des êtres. Il n'a ni crainte ni anxiété. Il est toujours calme et serein. Ni les bouleversements, ni les calamités ne peuvent le troubler. Il voit les choses telles qu'elles sont. Le Bouddha ne fut jamais mélancolique ni lugubre. Ses contemporains l'ont décrit comme « toujours souriant » *(mihitapubbaṃgama)*. Il est toujours représenté dans la peinture et la sculpture bouddhistes avec un visage heureux, serein, content et compatissant. On ne peut jamais discerner chez lui aucune trace de souffrance, d'angoisse ou de douleur [30]. L'art et l'architecture, les temples bouddhistes ne donnent jamais une impression de mélancolie, ou de tristesse, il en émane, au contraire, une atmosphère de calme et de joie.

Bien que la vie contienne de la souffrance, un bouddhiste ne doit pas être morose à cause d'elle, il ne doit ni s'en irriter, ni s'impatienter. L'un des premiers maux de la vie, selon le bouddhisme, est la répugnance ou la haine. La répugnance *(pratigha)* est expliquée comme signifiant « la malveillance à l'égard des êtres vivants, devant la souffrance et ce qui se rapporte à la souffrance ; sa fonction consiste à produire une base pour un état malheureux, une conduite mauvaise [31] ». C'est donc une erreur d'être impatient à propos de la souffrance. Etre impatient, s'en irriter, ne la fait pas disparaître. Cela ne fait au contraire qu'accroître notre affliction, qu'aggraver et rendre plus amère une situation déjà pénible. Ce qu'il faut, c'est éviter de se laisser aller à l'impatience, à l'irritation, mais comprendre, au contraire, la souffrance, comprendre comment elle vient, comment on peut s'en débarrasser et y travailler avec patience, avec intelligence, avec détermination, avec énergie.

Il y a deux anciens textes bouddhistes d'une grande beauté poétique, appelés *Theragāthā* et *Therīgāthā* qui sont remplis d'expressions joyeuses de disciples du Bouddha, hommes et femmes, qui avaient trouvé la paix et le bonheur en suivant son enseignement. Le roi de Kosala fit une fois la remarque,

30. Il y a une statue du Gandhara, et aussi une autre du Fou-Kien, en Chine, qui représentent Gotama en ascète, émacié, toutes ses côtes ressortant. Mais c'était avant son Eveil alors qu'il se soumettait à de rigoureuses pratiques ascétiques qu'il condamna lorsqu'il devint Bouddha.

31. Abhisamuc, p. 7.

parlant au Bouddha, qu'à la différence de beaucoup d'adeptes d'autres systèmes religieux, les propres disciples du Bouddha « étaient joyeux et transportés *(haṭṭha-pahaṭṭha)*, jubilants et exultants *(udaggudagga)*, heureux dans la vie spirituelle *(abhiratarūpa)*, leurs facultés satisfaites *(pīṇitindriya)*, exempts d'anxiété *(appossukka)* sereins *(pannaloma)*, paisibles *(paradavutta)* et vivant avec un esprit de gazelles *(migabhūtena cetasā)*, c'est-à-dire d'un cœur léger ». Le roi ajouta qu'il croyait que ces heureuses dispositions étaient dues au fait que « ces Vénérables avaient certainement réalisé la haute et pleine signification de l'enseignement du Bienheureux [32] ».

Le bouddhisme est tout à fait opposé à une attitude d'esprit mélancolique, triste, sombre et morose, qu'il tient pour un empêchement à la compréhension de la Vérité. Il faut ici se rappeler que la joie *(pīti)* est un des sept *bojjhaṃga*, « Facteurs d'Eveil », qualités qu'il est essentiel de cultiver pour réaliser le *Nirvāna* [33].

32. M. II (PTS), p. 121.
33. Pour ces Sept Facteurs d'Eveil, voir le chapitre sur la Méditation.

3

La Seconde Noble Vérité : Samudaya *L'apparition de* Dukkha

La Seconde Noble Vérité est celle de l'apparition, ou de l'origine de *dukkha (Dukkhasamudaya-ariyasacca)*. La définition la plus courante et la mieux connue de cette Seconde Vérité, celle qu'on rencontre en de nombreux endroits des textes originaux, est la suivante :

« C'est cette « soif » (ardent désir, *taṇhā)* qui produit la re-existence et le re-devenir *(ponobhavikā)*, qui est liée à une avidité passionnée *(nandīrāgasahagatā)* et qui trouve sans cesse une nouvelle jouissance tantôt ici, tantôt là *(tatratatrābhinandinī)*, à savoir 1. la soif des plaisirs des sens *(kāma-taṇhā)*, 2. la soif de l'existence et du devenir *(bhava-taṇhā)* et 3. la soif de la non-existence (auto-annihilation, *vibhava-taṇhā*) [1]. »

C'est cette soif, ce désir, cette avidité, cette cupidité qui, en se manifestant de manières variées, donne naissance à toutes les formes de souffrance et à la continuité des êtres. Mais il ne faudrait pas la prendre pour la cause première, car il n'est pas possible qu'il y ait une cause première puisque, selon le bouddhisme, tout est relatif et interdépendant. Même cette « soif » *(taṇhā)*, qui est considérée comme la cause, comme l'origine de *dukkha*, dépend pour son apparition *(samudaya)* d'une autre chose qui est la sensation *(vedanā* [2]*)* ; et l'apparition de la sensation dépend du « contact » *(phassa)* ; et ainsi de suite, tourne le cercle qu'on désigne sous le nom de Production condi-

1. Mhvg (Alutgama, 1922), p. 9 ; S V (PTS), p. 421 et *passim.*
2. *Vedanāsamudayā taṇhāsamudayo.* M I (PTS), p. 51.

tionnée *(Paticca-samuppāda)* et dont nous parlerons plus loin [3].

Ainsi, *taṇhā*, la « soif », n'est ni la première, ni l'unique cause de l'apparition de *dukkha*. Mais c'est la cause la plus palpable et la plus immédiate, « la chose principale » et « la chose qui est partout répandue [4] ». De là vient qu'en certains passages des textes originaux palis mêmes, la définition de *samudaya* ou origine de *dukkha* comprend d'autres souillures et impuretés *(kilesā sāsavā dhammā)*, outre *taṇhā*, la « soif », à laquelle la première place est toujours donnée cependant [5]. Dans les limites de développement de notre discussion auxquelles nous voulons nous tenir, il nous suffira de rappeler que cette « soif » a pour centre l'idée erronée de l'existence d'un « soi » qui provient de l'ignorance.

Ici, le terme « soif » comprend non seulement le désir et l'attachement aux plaisirs des sens, à la richesse, à la puissance, mais aussi l'attachement aux idées, aux idéaux, aux opinions, aux théories, aux conceptions et aux croyances *(dhamma-taṇhā [6])*. Selon l'analyse qu'en a fait le Bouddha, tous les malheurs, tous les conflits dans le monde, depuis les petites querelles personnelles en famille jusqu'aux grandes guerres entre nations, ont leurs racines dans cette « soif » [7]. Les hommes d'État qui s'efforcent de trouver une solution aux différends internationaux, et qui parlent de la guerre et de la paix seulement en termes politiques et économiques, ne touchent qu'à ce qui est superficiel et ils ne vont jamais à la vraie racine du problème. Comme le Bouddha l'a dit à Raṭṭhapāla : « Le monde manque (souffre de frustration) et il désire avidement ; il est esclave de la « soif » *(taṇhādāso)*. »

Tout le monde admettra volontiers que tous les malheurs sont engendrés par le désir égoïste. Cela n'est pas difficile à comprendre. Mais comment ce désir, comment cette « soif » peuvent produire la re-existence et le re-devenir *(ponobhavikā)*

3. Voir p. 77.
4. Abhisamuc, p. 43, *Prādhānyārtha, sarvatragārtha.*
5. Voir Vibh (PTS), p. 106 et suiv.
6. M I (PTS), p. 51 ; S II, p. 72 ; Vibh, p. 380.
7. M I, p. 86.

n'est pas aussi aisé à saisir. C'est là qu'il nous faut discuter l'aspect philosophique le plus profond de la Seconde Noble Vérité en relation avec celui de la Première. Il nous faut nous faire ici une idée de ce qu'est la théorie du Karma et de la Renaissance.

On distingue quatre Aliments *(āhāra)* comme « cause » ou « condition » nécessaires à l'existence et à la continuation des êtres : 1. la nourriture matérielle ordinaire *(kabaliṅkārāhāra)*, 2. le contact des organes des sens (y compris l'organe mental) avec le monde extérieur *(phassāhāra)*, 3. la conscience *(viññāṇāhāra)* et 4. la volition mentale ou volonté *(manosañcetanāhāra)* [8].

Parmi ces quatre Aliments, le dernier, la « volition mentale », englobe la volonté de vivre, d'exister, d'exister de nouveau, de continuer, de devenir de plus en plus [9]. C'est la racine de l'existence, de la continuité, de la lutte qu'on poursuit par des actes bons ou mauvais *(kusalākusalakamma)* [10]. C'est la même chose que la « volition » *(cetanā)* [11]. Nous avons vu plus haut [12] que la volition est le *karma*, ainsi que le Bouddha l'a lui-même défini. Faisant allusion à la « volition mentale » le Bouddha dit : « Quand on comprend les aliments de la volition mentale, on comprend les trois formes de la « soif » *(taṇhā)* [13]. » Ainsi, les termes « soif », « volition », « volition mentale » et « *karma* » ont tous le même sens. Ils signifient le désir, la volonté d'être, d'exister, de re-exister, de devenir, de croître de plus en plus, d'accumuler sans cesse. C'est la cause de l'apparition de *dukkha*. Ce désir se trouve dans l'Agrégat des Formations mentales, l'un des cinq Agrégats qui constituent un être [14].

8. M I, p. 48.
9. Il est intéressant de comparer cette « volition mentale » avec la notion de la « libido » dans la psychologie moderne.
10. MA I (PTS), p. 210.
11. *Manosañcetanā'ti cetanā eva vuccati.* MA I (PTS), p. 209.
12. Voir plus haut, p. 42.
13. S II (PTS), p. 100. Les trois formes de la « soif » sont : 1. du plaisir des sens, 2. d'exister et de devenir, 3. de non-existence, comme on l'a indiqué plus haut en définissant *samudaya*, « apparition de dukkha ».
14. Voir plus haut, p. 39.

Nous rencontrons ici l'un des points les plus importants, absolument essentiel, de l'enseignement du Bouddha. Nous devons donc noter clairement, avec soin, et bien nous rappeler, que la cause, le germe de l'apparition de *dukkha* se trouve en *dukkha* même, que cette cause n'est pas extérieure. C'est ce que signifie la formule bien connue qu'on rencontre très souvent dans les textes originaux palis : *Yaṃ kiñci samudayadhammaṃ sabbaṃ taṃ nirodhadhammaṃ.* « Tout ce qui a la nature de l'apparition, tout cela a la nature de la cessation[15]. » Un être, une chose, un système — s'il a en lui-même la nature d'apparaître, de se manifester, il possède aussi en lui-même la nature, le germe de sa disparition, de sa destruction. Ainsi *dukkha* (les cinq Agrégats) a en lui-même la nature de sa propre apparition, et a aussi en lui-même la nature de sa cessation. Nous reviendrons sur ce point quand nous aborderons la troisième Noble Vérité, *Nirodha.*

Le mot pali *kamma* (*karma* en sanskrit, de la racine *kṛ*, faire) signifie littéralement « acte » ou « action ». Mais dans la théorie bouddhiste du *karma,* ce mot revêt un sens spécifique : celui d' « action volontaire », et non pas de n'importe quelle action. Il ne signifie pas non plus le résultat du *karma,* sens dans lequel beaucoup de personnes emploient ce terme, à tort et bien inexactement. Dans la terminologie bouddhiste *karma* ne signifie jamais ses effets ; les effets du *karma* sont appelés « fruits » ou « résultats » *(kamma-phala* ou *kamma-vipāka).*

La volonté, relativement, peut être bonne ou mauvaise, de même que, le désir peut-être bon ou mauvais. Un bon *karma* *(kusala)* produit de bons effets, alors qu'un mauvais *karma* *(akusala)* a de mauvais effets. La « soif », la volition, le *karma,* bon ou mauvais, a pour effet une force : la force de continuer — de continuer dans une direction bonne ou mauvaise. Le bien ou le mal, cela est relatif et se situe dans le cercle de continuité *(saṃsāra).* Un *Arahant,* bien qu'il agisse, n'accumule pas de *karma,* parce qu'il est libéré de la fausse notion de soi, qu'il est libéré de la « soif » de continuité et de devenir, de toutes les autres souillures et impuretés *(kilesā, sāsavā dhammā).* Pour lui, il n'y a plus de re-naissance.

15. M III (PTS), p. 280 ; S IV, pp. 47, 107 ; V, p. 423, et *passim.*

La théorie du *karma* ne doit jamais être confondue avec une soi-disant « justice morale », avec la notion de « récompense » ou de « punition ». L'idée de justice morale, de récompense, de punition, provient de la conception d'un être suprême, d'un Dieu qui juge, qui est un législateur décidant de ce qui est bien et de ce qui est mal. Le mot « justice » est ambigu et dangereux, en son nom il est fait plus de mal que de bien à l'humanité. La théorie du *karma* est une théorie de causes et d'effets, d'action et de réaction ; elle exprime une loi naturelle qui n'a rien à voir avec l'idée d'une justice rétributive. Toute action qui est appuyée sur une volition produit ses effets, ses résultats. Si une bonne action produit de bons effets et une mauvaise action de mauvais effets, ce n'est pas une question de justice, ou de récompense ou de punition ordonnée par une puissance qui juge la nature de l'action, cela résulte simplement de la nature propre de celle-ci, de sa loi propre. Ce n'est pas difficile de le comprendre. Mais ce qui est difficile à concevoir, c'est que, suivant la théorie karmique, les effets d'une action basée sur une volition puissent continuer à se manifester même dans une vie posthume. Il nous faut donc expliquer maintenant ce qu'est la mort selon le bouddhisme.

Nous avons vu qu'un être n'est qu'une combinaison de forces ou d'énergies physiques et mentales. Ce que nous appelons mort, c'est l'arrêt complet du fonctionnement de l'organisme physique. Ces forces, ces énergies prennent-elles fin absolument avec la cessation du fonctionnement de l'organisme ? Le bouddhisme dit : non. La volonté, le désir, la soif d'exister, de continuer, de devenir, est une force formidable qui meut l'ensemble des vies, des existences, le monde entier. C'est la force la plus grande, l'énergie la plus puissante qui soit au monde. Selon le bouddhisme, elle ne cesse pas d'agir avec l'arrêt du fonctionnement de notre corps, qui pour nous est la mort, mais elle continue à se manifester sous une autre forme, produisant une re-existence qu'on appelle renaissance.

Il vient à l'esprit une autre question : S'il n'y a pas d'entité permanente, immuable, s'il n'y a pas une substance telle qu'un Soi ou une Ame *(ātman)*, qu'est-ce donc qui peut re-exister, renaître après la mort ? Avant d'en venir à la vie après la mort, considérons donc ce qu'est la vie présente, comment, maintenant, elle se continue. Ce que nous appelons vie, nous l'avons déjà répété, c'est la combinaison des cinq Agrégats, une combinaison d'énergies physiques et mentales. Celles-ci changent continuellement, elles ne restent pas identiques pendant deux instants consécutifs. Elles naissent et meurent à chaque instant. « Quand les Agrégats apparaissent, déclinent et meurent, ô bhikkhu, à chaque instant vous naissez, vous déclinez, vous mourez [16]. »

Par conséquent, même pendant la durée de cette vie, nous naissons et mourons à chaque instant, et pourtant nous continuons d'exister. Si nous pouvons comprendre qu'en cette vie nous pouvons continuer à exister, sans qu'il y ait une substance permanente, immuable, telle qu'un Soi ou une Ame, pourquoi ne pouvons-nous pas comprendre que ces forces elles-mêmes puissent continuer à agir sans qu'il y ait en elles un soi ou une âme pour les animer après que l'organisme physique a cessé de fonctionner ?

Lorsque ce corps physique n'est plus capable de fonctionner, les énergies ne meurent pas avec lui, mais elles continuent à s'exercer en prenant une autre forme, que nous appelons une autre vie. Chez un enfant, toutes les facultés physiques, mentales et intellectuelles sont tendres et faibles, mais elles possèdent en elles-mêmes la potentialité de produire un homme adulte. Les énergies physiques et mentales qui forment ce qu'on appelle un être sont douées en elles-mêmes du pouvoir de prendre une forme nouvelle, de croître graduellement et d'atteindre à leur pleine puissance.

Comme il n'y a pas de substance permanente, immuable, rien ne se transmet d'un instant à l'autre. Ainsi il est évident que rien de permanent, d'immuable ne peut passer ou transmigrer d'une vie à l'autre. C'est une série qui continue sans rupture, mais qui cependant change à chaque instant. La série

16. Prmj I (PTS), p. 78. « *Khandhesu jāyamānesu jīyamānesu mīyamānesu ca khaṇe khaṇe tvaṃ bhikkhu jāyase ca jīyase ca mīyase ca.* » Cette phrase est citée dans le commentaire du *Paramatthajotikā* comme rapportant les paroles mêmes du Bouddha. Jusqu'à présent je n'ai pas pu retrouver cette citation dans le texte original.

à proprement parler, n'est rien que du mouvement. C'est comme une flamme qui brûle pendant la nuit : ce n'est pas la même, ce n'en est pas non plus une autre. Un enfant grandit, il devient un homme de soixante ans. Il est évident que cet homme n'est pas le même que l'enfant né soixante ans auparavant, mais qu'aussi ce n'est pas une autre personne. De même un homme qui meurt ici et renaît ailleurs n'est ni la même personne ni une autre *(na ca so na ca añño)*. C'est une continuité de la même série. La différence entre la mort et la naissance n'est qu'un instant dans notre pensée : le dernier instant de la pensée en cette vie conditionnera le premier dans ce qu'on appellera une vie suivante, qui n'est en fait que la continuation de la même série. Pendant cette vie même un instant de la pensée conditionne le suivant. Ainsi, selon le point de vue bouddhiste, la question d'une vie après la mort ne constitue pas un grand mystère, et un bouddhiste ne se préoccupe pas du tout de ce « problème ».

Tant qu'il y a la « soif » d'être et de devenir, le cycle de continuité *(saṃsāra)* se poursuit. Il ne pourra prendre fin que lorsque la force qui le meut, cette « soif » même, sera arrachée, coupée, par la sagesse qui aura la vision de la Réalité, de la Vérité, du *Nirvāṇa*.

4

La Troisième Noble Vérité : Nirodha *La Cessation de* Dukkha

La Troisième Noble Vérité est qu'il existe une émancipation, une libération de la souffrance, de la continuité de *dukkha*. Elle est appelée la Noble Vérité de la Cessation de *dukkha (Dukkhanirodha-ariyasacca)* qui est le *Nibbāna*, plus connu sous son nom sanskrit de *Nirvāṇa*.

Pour éliminer complètement *dukkha*, on doit en éliminer la racine principale, la « soif » *(taṇhā)*, ainsi que nous l'avons vu plus haut. C'est pourquoi le *Nirvāṇa* est connu aussi sous le terme de *Taṇhakkhaya* qui signifie « extinction de la soif ».

Vous demanderez maintenant : Mais qu'est-ce que le *Nirvāṇa*? Des volumes ont été écrits pour donner une réponse à cette question bien naturelle et bien simple : il n'ont fait qu'embrouiller la question plus qu'ils n'ont servi à l'éclaircir. La seule réponse raisonnable qu'on puisse faire est qu'il est impossible de répondre complètement et de manière satisfaisante par des mots, parce que le langage humain est trop pauvre pour pouvoir exprimer la vraie nature de la Vérité absolue, de la Réalité Ultime qui est le *Nirvāṇa*. Le langage a été créé et utilisé par la masse des êtres humains pour exprimer des choses et des idées qu'éprouvent leurs sens et leur esprit. Une expérience surhumaine comme celle de la Vérité absolue n'appartient pas à cette catégorie. Il n'y a donc pas de mots qui puissent exprimer cette expérience, de même que le vocabulaire d'un poisson ne pourrait pas comporter de termes exprimant la nature de la terre ferme. La tortue dit à son ami le poisson qu'elle était revenue dans le lac après avoir fait une promenade sur la terre ferme. « Bien entendu, dit le poisson, vous voulez dire que vous y avez nagé. » La tortue essaya d'expliquer qu'on ne peut pas nager sur la terre, qu'elle est solide et qu'il faut marcher. Mais le poisson insistait affirmant qu'il ne pouvait y avoir rien de pareil, que c'était forcément liquide comme un lac, qu'il devait y avoir des vagues et qu'on devait pouvoir y plonger et nager.

Les mots sont des symboles qui représentent les choses et les idées qui nous sont familières ; ces symboles ne traduisent pas, n'ont pas la faculté d'exprimer, la nature véritable des choses même les plus courantes. On doit comprendre que le langage est décevant et trompeur quand il s'agit de saisir la Vérité. C'est ainsi que le *Laṅkāvatāra-sūtra* dit que les ignorants se laissent enliser dans les mots comme un éléphant dans la boue [1].

Nous ne pouvons pas néanmoins nous passer du langage. Mais si le *Nirvāṇa* doit être exprimé et expliqué en termes positifs, nous risquons immédiatement de nous attacher à une idée associée aux termes employés, qui pourra être tout à fait à l'opposé. C'est pourquoi on emploie en général des expressions négatives [2], ce qui est peut-être moins dangereux. On fait donc souvent allusion au *Nirvāṇa* à l'aide de termes négatifs comme *Taṇhakkhaya*, « extinction de la soif », *Asaṃkhata*, « non-composé », « inconditionné », *Virāga*, « absence de désir », *Nirodha*, « cessation », *Nibbāna* « extinction ».

Voyons quelques définitions et descriptions du *Nirvāṇa* qu'on rencontre dans les textes palis originaux :

« C'est la cessation complète de cette « soif » *(taṇhā)*, l'abandonner, y renoncer, s'en libérer, s'en détacher [3]. »

1. Lanka, p. 113.

2. Quelquefois les termes positifs comme *Siva* « Auspicieux », « Bon », *Khema* « Sûreté », *Suddhi* « Pureté », *Dīpa* « Ile », *Saraṇa* « Refuge », *Tāṇa* « Protection », *Pāra* « l'Autre Rive », « l'Autre Côté », *Santi* « Paix », « Tranquillité » sont utilisés pour indiquer le Nirvāṇa. Il y a 32 synonymes de *Nibbāna* dans l'*Asaṃkhata-saṃyutta* du *Saṃyutta-nikāya*. Ils sont pour la plupart métaphoriques.

3. Mhvg (Alutgama, 1922), p. 10 ; S V, p. 421. Il est intéressant de noter que cette définition de *Nirodha* « Cessation de *dukkha* », que l'on trouve dans le premier discours du Bouddha à Sarnath, ne contient pas le mot *Nibbāna*, bien que la définition l'indique.

« C'est calmer tout ce qui est conditionné, abandonner toutes les souillures, l'extinction de la « soif », lè détachement, la cessation, le *Nibbāna*[4]. »

« O bhikkhus, qu'est-ce que l'Absolu *(Asaṃkhata*, l'Inconditionné) ? C'est, ô bhikkhus, l'extinction du désir *(rāgakkhayo)*, l'extinction de la haine *(dosakkhayo)*, l'extinction de l'illusion *(mohakkhayo)*. Cela, ô bhikkhus, est appelé « l'Absolu »[5]. »

« O Rādha, l'extinction de la « soif » *(taṇhakkhayo)* est le *Nibbāna*[6] ».

« O bhikkhus, quelles que soient les choses conditionnées ou inconditionnées, parmi elles, le détachement *(virāga)* est le plus élevé. C'est-à-dire, la liberté de vanité, la destruction de la « soif »[7], l'éradication de l'attachement, trancher la continuité, l'extinction de la « soif » *(taṇhā)*, le détachement, la cessation, le *Nibbāna*[8]. »

La réponse de Sāriputta, le plus éminent disciple du Bouddha, à la question directe : « Qu'est-ce que le *Nibbāna* ? » que lui avait posée un Parivrājaka, est identique à la définition de *Asaṃkhata*, qu'avait donnée le Bouddha lui-même et que nous avons citée plus haut : « L'extinction du désir, l'extinction de la haine, l'extinction de l'illusion[9]. »

« L'abandon et la destruction du désir et de l'avidité pour ces cinq Agrégats d'Attachement : c'est la cessation de *dukkha*[10]. »

« La cessation de la Continuité et du Devenir *(bhavanirodha)* est *Nibbāna*[11]. »

Et encore, parlant du *Nirvāṇa*, le Bouddha dit :

« O bhikkhus, il y a le non-né, le non-devenu, l'inconditionné, le non-composé. S'il n'y avait pas le non-né, le non-devenu, l'inconditionné, le non-composé, il n'y aurait pas d'évasion de ce qui est né, de ce qui est devenu, de ce qui est conditionné

4. S I, p. 136.
5. *Ibid.*, IV, p. 359.
6. *Ibid.*, III, p. 190.
7. Ici, le mot *pipāsa* qui signifie littéralement soif.
8. A (PTS) II, p. 34.
9. S. (PTS) IV, p. 251.
10. Paroles de Sāriputta. M I, (PTS), p. 191.
11. Paroles de Musīla, un autre disciple. S II (PTS), p. 117.

et de ce qui est composé. Puisqu'il y a le non-né, le non-devenu, l'inconditionné, le non-composé, ainsi il y a (une possibilité) d'émancipation pour le né, le devenu, le conditionné et le composé [12]. »

« Ici, les quatre éléments de solidité, de fluidité, de chaleur et de mouvement n'ont pas de place ; les notions de longueur, de largeur, de subtil et de grossier, de bien et de mal, de nom et de forme sont absolument détruites ; ni ce monde ni l'autre, ni venir, ni partir, ni rester debout, ni mort, ni naissance, ni objets des sens ne peuvent être trouvés [13]. »

Parce qu'on exprime ainsi le *Nirvāṇa*, en termes négatifs, beaucoup de personnes ont la notion fausse qu'il est négatif et exprime l'annihilation du soi. Ce n'est absolument pas une annihilation du soi, parce qu'en réalité il n'y a pas de soi à annihiler. S'il y a une annihilation, c'est celle de l'illusion que donne la fausse idée d'un soi.

Il est incorrect de dire que le *Nirvāṇa* est négatif ou positif. Les notions de « négatif » ou de « positif » sont relatives, et elles appartiennent au domaine de la dualité. Ces termes ne peuvent donc pas s'appliquer au *Nirvāṇa*, à la Vérité absolue, qui est au-delà de la dualité, de la relativité.

Un mot négatif n'indique pas nécessairement un état négatif. Le mot qui, en Pali et en Sanskrit, désigne la santé est *ārogya*. C'est un terme négatif qui signifie littéralement « absence de maladie ». Pourtant *ārogya* (santé) n'indique pas un état négatif. Le mot « immortel » (en Sanskrit *amṛta*, en Pali, *amata*), qui est aussi un synonyme de *Nirvāṇa*, est négatif, et cependant il ne signifie pas un état négatif. La négation de valeurs négatives n'a pas un sens négatif. Un des synonymes courants de *Nirvāṇa* est encore « liberté » (Pali *Mutti*, Sanskrit *Mukti*). Personne n'irait dire qu'il a une signification négative. La liberté a pourtant un côté négatif puisqu'elle est toujours la libération à l'égard d'une obstruction, de quelque chose de mauvais qui est négatif. Mais la liberté n'est pas négative. Ainsi en est-il de *Nirvāṇa*, *Mutti*, ou *Vimutti*, la liberté absolue — liberté à

12. Ud (Colombo, 1929), p. 129.
13. *Ibid.*, p. 128 : D I (Colombo, 1929), p. 172.

l'égard de tout ce qui est mauvais, du désir, de l'ignorance, de la haine, liberté de tout ce qui signifie dualité et relativité, du temps et de l'espace.

Nous pouvons nous faire une idée du *Nirvāṇa* en tant que Vérité absolue d'après le *Dhātuvibhaṅga-sutta* (N° 140) du *Majjhima-nikāya*. Ce discours, extrêmement important, a été adressé à Pukkusāti (dont nous avons déjà parlé) que le Maître avait trouvé intelligent et sérieux, lors de la nuit qu'ils avaient passée ensemble dans l'atelier du potier. Voici l'essentiel de ce qui nous intéresse ici :

Un homme est composé de six éléments : solidité, fluidité, chaleur, mouvement, espace et conscience. Il analyse ces éléments et découvre qu'aucun n'est « moi » ou « mien ». Il comprend comment la conscience apparaît et disparaît, comment les sensations plaisantes, déplaisantes ou neutres, apparaissent et comment elles disparaissent. Par suite de cette connaissance son esprit devient détaché. Il découvre alors en lui-même une pure équanimité *(upekhā)* qu'il peut diriger vers l'atteinte de n'importe quel haut état spirituel, et il sait que cette pure équanimité se maintiendra pendant une longue période de temps. Mais il pense : « Si je dirige cette pure et claire équanimité vers la Sphère de l'Espace infini et si je développe un esprit y correspondant, c'est une création mentale *(saṃkhataṃ)* [14]. Si je dirige cette pure et claire équanimité vers la Sphère de la Conscience infinie, vers la Sphère du Néant ... ou vers la Sphère ni de la Perception ni de la non-Perception et si je développe un esprit y correspondant, c'est une création mentale. » Alors il ne crée pas mentalement et ne souhaite ni la continuité ni le devenir (*bhava*), ni l'annihilation *(vibhava)* [15]. Comme il ne construit pas mentalement, comme il ne veut pas la continuité et le devenir, ni l'annihilation, il ne se cramponne à rien dans ce monde ; comme il ne s'attache à rien, il n'est pas anxieux ; comme il n'est pas anxieux, il est complètement apaisé « [la

14. Noter que les états spirituels et mystiques, aussi purs et élevés qu'ils peuvent être, sont des créations mentales, conditionnés et composés *(saṃkhata)*. Ils ne sont pas la Réalité, la Vérité *(sacca)*.

15. Cela signifie qu'il ne produit pas de nouveau *karma*, parce qu'il est alors libéré de la « soif », de la volition.

flamme] est complètement soufflée en lui-même » *(paccattaṃ yeva parinibbāyati)*. Et il sait : « Finie est la naissance, vécue la vie pure, fait ce qu'il y avait à faire, il n'y a plus rien à faire pour ceci [16]. »

Maintenant, lorsqu'il éprouve une sensation plaisante, déplaisante ou neutre, il sait que cela est impermanent, que cela ne l'attache pas, que ce n'est pas éprouvé avec passion. Quelle que puisse être la sensation, il l'éprouve sans y être attaché *(visaṃyutto)*. Il sait que ces sensations s'apaiseront avec la dissolution du corps, comme s'éteint la flamme d'une lampe lorsque l'huile et la mèche viennent à manquer.

« Par conséquent, O bhikkhu, une personne ainsi pourvue possède la sagesse absolue, car la connaissance de l'extinction de tout *dukkha* est la noble sagesse absolue.

« Sa délivrance, fondée sur la vérité, est inébranlable. O bhikkhu, ce qui est irréalité *(mosadhamma)* est faux ; ce qui est réalité *(amosadhamma)*, *Nibbāna*, est Vérité *(Sacca)*. Donc, O bhikkhu, une personne ainsi pourvue est pourvue de la Vérité absolue. Car, la Noble Vérité absolue *(paramaṃ ariyasaccaṃ)* est *Nibbāna*, qui est la Réalité. »

Ailleurs, le Bouddha emploie, sans équivoque, le mot Vérité à la place du mot *Nibbāna* : « Je vais vous enseigner la Vérité et le sentier qui mène à la Vérité [17]. » Ici, Vérité signifie, d'une manière certaine, *Nirvāna*.

Maintenant, qu'est-ce que la Vérité absolue ? Selon le bouddhisme, la Vérité absolue est qu'il n'y a rien d'absolu en ce monde, que tout est relatif, conditionné et impermanent, et qu'il n'y a pas de substance absolue qui ne change pas, qui est éternelle, comme le Soi, l'Ame ou *Ātman*, en nous ou hors de nous. Ceci est la Vérité absolue. La Vérité n'est jamais négative, bien qu'il existe une expression populaire telle que vérité négative. La compréhension de cette Vérité, c'est-à-dire voir les choses telles qu'elles sont *(yathābhūtaṃ)* sans illusion ou ignorance *(avijjā)* [18], c'est l'extinction du désir, de la « soif »

16. Cette expression signifie qu'il est maintenant un *Arahant*.
17. S V (PTS), p. 369.
18. Cf. Lanka, p. 200 : « O Mahāmati, Nirvāṇa signifie voir l'état des choses telles qu'elles sont. »

(taṇhakkhaya) et la cessation *(nirodha)* de *dukkha*, qui est le *Nirvāṇa*. Il est intéressant et utile de rappeler ici le point de vue du Mahāyāna sur le *Nirvāṇa* comme n'étant pas différent du *Saṃsāra* [19]. La même chose est *Saṃsāra* ou *Nirvāṇa* selon la manière de la voir — subjectivement ou objectivement. Cette conception du Mahāyana a été probablement élaborée à partir des idées que l'on rencontre dans les textes originaux, en Pali, du Theravāda, auxquels nous nous sommes référés dans ce bref exposé.

Il serait incorrect de penser que le *Nirvāṇa* est le résultat naturel de l'extinction du désir. Le *Nirvāṇa* n'est pas le résultat de quoi que ce soit. S'il était un résultat, il serait le produit d'une cause. Ce serait alors un *saṃkhata* « produit » et « conditionné ». Le *Nirvāṇa* n'est ni cause ni effet. Il est au-delà des causes et des effets. La vérité n'est ni un résultat, ni un effet. Elle n'est pas produite comme un état mental mystique, spirituel, comme *dhyāna* ou *samādhi*. LA VÉRITÉ EST. LE NIRVĀṆA EST. La seule chose que vous puissiez faire est de le voir, de le comprendre. Il y a un sentier qui y conduit. Mais le *Nirvāṇa* n'est pas le résultat du sentier [20]. Vous pouvez gravir la montagne en suivant un sentier, mais on ne peut pas dire que la montagne est un résultat, un effet du sentier. Vous pouvez voir une lumière, mais celle-ci n'est pas un résultat de votre vision.

Beaucoup de personnes demandent : Qu'y a-t-il après le *Nirvāṇa* ? Cette question ne peut pas se poser, parce que le *Nirvāṇa* est la Vérité Ultime. Puisqu'elle est Ultime, il ne peut rien y avoir après. S'il existait quelque chose au-delà du *Nirvāṇa*, ce serait alors la Vérité Ultime et non le *Nirvāṇa*. En fait, un moine nommé Rādha avait posé, en d'autres mots, cette question au Bouddha : « Dans quel but (pour quelle fin) le *Nirvāṇa* ? » Cela suppose donc qu'il y a autre chose après le

19. Nāgārjuna dit clairement : « Le *Saṃsāra* ne diffère en aucune manière du *Nirvāṇa*, et le *Nirvāṇa* ne diffère en aucune manière du *Saṃsāra* » (Madhya. Kari. XXV, 19).

20. Il est bon de rappeler ici que parmi les neuf *dharmas* supramondains *(navalokuttara-dhamma)* Nirvāṇa se place au-delà de *magga* (le sentier) et de *phala* (fruit, résultat).

Nirvāṇa puisqu'on postule qu'il comporte un but, une fin. Le Bouddha répondit donc : « O Rādha, cette question ne peut pas prendre sa limite, (c'est-à-dire cette question est hors de propos). On mène la vie sainte ayant le *Nirvāṇa* comme (pour y faire le) plongeon final, l'ayant pour but, pour fin ultime [21]. »

Certaines expressions populaires, et impropres, comme, par exemple, « le Bouddha est entré dans le *Nirvāṇa* ou dans le *Parinirvāṇa* après sa mort, » ont donné naissance à beaucoup de spéculations imaginaires sur le *Nirvāṇa* [22]. Dès que vous entendez dire que « le Bouddha entra dans le *Nirvāṇa* ou le *Parinirvāṇa* » vous avez tendance à prendre le *Nirvāṇa* pour un état, ou un domaine ou une situation où il y a une existence d'une certaine sorte et vous essayez de l'imaginer dans un sens que peut suggérer le mot « existence » telle que celle-ci vous est connue. On ne rencontre, dans les textes originaux, rien qui ressemble à l'expression populaire : « il est entré dans le *Nirvāṇa.* » Il n'y a pas d'équivalent à : « entrer après la mort dans le *Nirvāṇa* ». Il y a un mot qui est employé pour indiquer la mort d'un Bouddha ou d'un *Arahant* qui a atteint (compris) le *Nirvāṇa*, c'est *parinibbuto* ; mais il n'a pas la signification « d'entrée dans le *Nirvāṇa.* » *Parinibbuto* veut simplement dire « entièrement trépassé », « entièrement soufflé » (image de la flamme éteinte), « entièrement éteint », parce que le Bouddha ou un *Arahant* n'a pas de re-existence après la mort.

Maintenant vient une autre question : Qu'advient-il au Bouddha ou à un *Arahant* après sa mort, son *parinirvāṇa* ? Cela fait partie des questions laissées sans réponse *(avyākata)* [23]. Même lorsque le Bouddha en a parlé, il a remarqué qu'aucun mot de notre vocabulaire ne pourrait exprimer ce qui arrive à un *Arahant* après sa mort. Répondant à un Parivrājaka nommé Vaccha, le Bouddha dit que des termes comme « né » ou « non né » ne s'appliquent pas au cas d'un *Arahant* parce

21. S III (PTS), p. 189.

22. Il y a des auteurs qui écrivent « après le *Nirvāṇa* du Bouddha » au lieu de « après le *Parinirvāṇa* du Bouddha ». Mais la première expression n'a pas de sens et elle est introuvable dans la littérature bouddhiste. C'est toujours la seconde qui est employée.

23. S IV (PTS), p. 375 et suiv.

que des choses comme matière, sensation, perception, activités mentales, conscience, avec lesquelles les termes « né » ou « non né » sont associés, sont complètement détruites et déracinées pour ne plus réapparaître après sa mort [24].

Un *Arahant* après sa mort est souvent comparé à un feu qui s'est éteint après que le combustible a été consumé, ou à la flamme d'une lampe qui est tombée quand l'huile et la mèche sont épuisées [25]. Il faut bien comprendre, ici, clairement et distinctement, sans confusion, que ce qu'on compare à un feu ou à une flamme qui s'est éteinte, ce n'est *pas* le *Nirvāṇa*, mais « l'être », composé des cinq Agrégats, qui avait réalisé le *Nirvāṇa*. Il faut insister sur ce point parce que certaines personnes, même quelques grands érudits, ont mal compris et mal interprété ce symbole, croyant qu'il se rapportait au *Nirvāṇa*. Le *Nirvāṇa* n'est jamais comparé à un feu ou une flamme éteinte.

Il y a une autre question posée couramment : s'il n'y a pas de Soi, pas d'*ātman*, qui réalise le *Nirvāṇa* ? Avant que nous allions au *Nirvāṇa*, posons-nous la question : Qui pense maintenant, s'il n'y a pas de Soi ? Nous avons vu plus haut que c'est la pensée qui pense, qu'il n'y a pas de penseur derrière la pensée. De même, c'est la sagesse *(paññā)*, la réalisation, qui réalise. Il n'y a pas d'autre Soi derrière la réalisation. Nous avons vu, dans la discussion de l'origine de *dukkha*, que quoi que ce soit — être, chose ou système — s'il a la nature de se produire, il contient en lui la nature, le germe de sa cessation, de sa destruction. *Dukkha*, le *saṃsāra*, le cycle de continuité a la nature d'apparaître ; cela doit avoir aussi la nature de cesser. *Dukkha* naît à cause de la « soif » *(taṇhā)* et elle prend fin à cause de la sagesse *(paññā)*. « Soif » et sagesse se trouvent toutes deux en *dukkha*, dans les cinq Agrégats, comme nous l'avons vu [26].

Le germe de leur apparition, comme celui de leur cessation se trouvent ainsi au sein des Cinq Agrégats. Tel est le sens véritable de la déclaration du Bouddha : « Dans ce même corps sensible, long d'une brasse, je postule le monde, l'apparition

24. M I (PTS), p. 486.
25. M I (PTS), p. 487 : III, p. 245 ; Sn (PTS) v. 232 (p. 41).
26. Voir : Agrégat des Formations, ci-dessus, p. 42.

du monde, la cessation du monde, et le sentier menant à la cessation du monde [27]. » Cela veut dire que les quatre Nobles Vérités se trouvent dans les Cinq Agrégats, c'est-à-dire en nous-même. (Ici le mot « monde » *(loka)* est employé à la place de *dukkha)*. Cela signifie aussi qu'il n'y a aucune puissance extérieure qui produise l'apparition et la cessation de *dukkha*.

Quand la sagesse est développée et cultivée selon la quatrième Noble Vérité (dont nous allons parler ensuite), elle découvre le secret de la vie, elle voit la réalité des choses telles qu'elles sont. Quand le secret est dévoilé, quand la Vérité est découverte, toutes les forces, qui produisent fébrilement dans l'illusion la continuité du *saṃsāra*, se calment ; elles deviennent incapables de produire de nouvelles formations « karmiques », car il n'y a plus d'illusion, de « soif », pour entretenir la continuité. C'est comme une maladie mentale qui se trouve guérie quand sa cause, son secret, est découvert et vu clairement par le malade.

Dans presque toutes les religions le *summum bonum* ne peut être atteint qu'après la mort. Mais le *Nirvāṇa* peut être réalisé dans cette vie même ; il n'est pas nécessaire d'attendre la mort pour y parvenir.

Celui qui a réalisé la Vérité, le *Nirvāṇa*, est l'être le plus heureux du monde. Il est libéré de tous les « complexes », de toutes les obsessions, des tracas, des difficultés et des problèmes qui tourmentent les autres. Sa santé mentale est parfaite. Il ne regrette pas le passé, il ne se préoccupe pas de l'avenir, il vit dans l'instant présent [28]. Il apprécie donc les choses et en jouit dans le sens le plus pur sans aucune « projection » de son moi. Il est joyeux, il exulte, jouissant de la vie pure, ses facultés satisfaites, libéré de l'anxiété, serein et paisible [29]. Il est libre de désirs égoïstes, de haine, d'ignorance, de vanité, d'orgueil, de tous empêchements, il est pur et doux, plein d'un amour universel, de compassion, de bonté, de sympathie, de compréhension et de tolérance. Il rend service aux autres de la manière

27. A (Colombo, 1929), p. 218.
28. S I (PTS), p. 5.
29. M II (PTS), p. 121.

la plus pure, car il n'a pas de pensée pour lui-même, ne cherchant aucun gain, n'accumulant rien, même les biens spirituels, parce qu'il est libéré de l'illusion du Soi et de la « soif » de devenir.

Le *Nirvāṇa* est au-delà des termes de dualité et de relativité. Il est donc au-delà de nos conceptions communes du bien et du mal, du juste et de l'injuste, de l'existence et de la non-existence. Même le mot « bonheur » *(sukha)*, dont on fait usage pour décrire le *Nirvāṇa*, a un sens entièrement différent. Sāriputta dit une fois : « O ami, le *Nirvāṇa* est le bonheur. Le *Nirvāna* est le bonheur ! » Udāyi lui demanda alors : « Mais, ami Sāriputta, quel bonheur cela peut-il être puisqu'il n'y a pas de sensation ? » La réponse de Sāriputta est hautement philosophique, elle se situe au-delà de la compréhension commune : « Qu'il n'y ait pas de sensation, cela même est le bonheur. »

Le *Nirvāṇa* est au-delà de la logique et du raisonnement *(atakkāvacara)*. Bien que nous soyons tentés de nous engager, souvent par vain passe-temps intellectuel, dans des discussions spéculatives concernant le *Nirvāṇa*, la Vérité ultime ou la Réalité, nous ne la comprendrons jamais de cette façon. Un enfant n'a pas à se disputer à propos de la relativité à l'école maternelle. S'il se contente de poursuivre ses études patiemment et avec application, peut-être pourra-t-il la comprendre un jour. Le *Nirvāṇa* « doit être réalisé par les sages en eux-mêmes. » *(paccattaṃ veditabbo viññūhi.)* Si nous suivons le Sentier, patiemment, avec application, si nous nous exerçons et nous purifions consciencieusement, si nous atteignons ainsi le développement spirituel nécessaire, un jour, il nous sera possible de le réaliser en nous-même et sans nous embarrasser de grands mots mystérieux.

Venons-en donc maintenant au Sentier qui mène à la réalisation du *Nirvāṇa*.

5

La Quatrième Noble Vérité : Magga *Le Sentier*

La Quatrième Noble Vérité est celle du Sentier qui mène à la Cessation de *dukkha (Dukkhanirodhagāmiṇīpaṭipadāariya-sacca)*. Celle-ci est connue sous le nom de « Sentier du Milieu » *(Majjhimā Paṭipadā)*, parce qu'elle évite deux extrêmes : l'un étant la poursuite du bonheur dans la dépendance des plaisirs des sens, ce qui est « bas, commun, sans profit et la manière des gens ordinaires » ; l'autre étant la recherche du bonheur qui repose au contraire sur la mortification selon différentes formes d'ascétisme, ce qui est « douloureux, indigne et sans profit ». Le Bouddha, ayant lui-même essayé ces deux extrêmes et en ayant reconnu l'inutilité, découvrit, par expérience personnelle, le Sentier du Milieu « qui donne vision et connaissance, qui conduit au Calme, à la Vision profonde, à l'Eveil, au *Nirvāṇa* ». On désigne généralement ce Sentier du Milieu sous le nom de Noble Sentier octuple *(Ariya-Aṭṭhaṅgika-Magga)* parce qu'il comporte huit catégories ou divisions :

1. Compréhension juste *(Sammā diṭṭhi)*.
2. Pensée juste *(Sammā saṅkappa)*,
3. Parole juste *(Sammā vācā)*,
4. Action juste *(Sammā kammanta)*,
5. Moyens d'existence justes *(Sammā ājīva)*,
6. Effort juste *(Sammā vāyāma)*,
7. Attention juste *(Sammā sati)*,
8. Concentration juste *(Sammā samādhi)*,

Pratiquement, tout l'enseignement du Bouddha, auquel celui-ci consacra quarante-cinq années de sa vie, traite, d'une manière ou d'une autre, de ce Sentier. Il l'expliqua sous des formes variées, employant des mots différents selon les personnes auxquelles il s'adressait, et suivant leur état de développement ou leurs aptitudes à le comprendre et à le suivre. Mais l'essence de ces milliers de discours, dispersés tout au long des Ecritures bouddhiques, se trouve dans le Noble Sentier octuple.

Il ne faut pas croire que les huit catégories ou divisions du Sentier soient à suivre et à pratiquer l'une après l'autre dans l'ordre où elles sont énoncées dans la liste courante que nous venons de donner. Il convient d'en poursuivre simultanément le développement, autant que cela sera possible selon la capacité de chaque individu. Elles sont toutes liées entre elles et chacune aide à cultiver les autres.

Ces huit facteurs visent à favoriser le développement et la perfection des trois éléments essentiels de l'entraînement et de la discipline bouddhiste : 1. Conduite éthique *(Sīla)*, 2. Discipline mentale *(Samādhi)*, et 3. Sagesse *(Paññā)*[1]. Par conséquent, il sera beaucoup plus utile pour une compréhension meilleure et plus cohérente des huit divisions du Sentier de les expliquer en les groupant sous ces trois titres.

La Conduite éthique *(Sīla)* est fondée sur la vaste conception d'amour universel et de compassion pour tous les êtres vivants, ce qui est à la base de l'enseignement du Bouddha. C'est une erreur regrettable et pernicieuse que commettent beaucoup d'érudits lorsqu'ils oublient ce grand idéal de l'enseignement du Bouddha et se livrent seulement à de sèches divagations philosophiques et métaphysiques sur le bouddhisme. Le Bouddha enseigna « pour le bien du grand nombre, pour le bonheur du grand nombre, par compassion pour le monde » *(bahujanahitāya bahujanasukhāya lokānukampāya)*.

Pour qu'un homme soit parfait, il y a, selon le bouddhisme, deux qualités qu'il doit développer conjointement et également : la compassion *(karuṇā)* d'une part, et la sagesse *(paññā)* d'autre part, Ici, la compassion englobe l'amour, la charité, la bonté, la tolérance, toutes les nobles qualités de cœur ; c'est le côté affectif ; tandis que la sagesse signifie le côté intellectuel, les qualités

1. M I (PTS), p. 301.

de l'esprit. Si le côté affectif seul est développé, le côté intellectuel restant négligé, on deviendra un sot au bon cœur. Si, au contraire, on développe exclusivement le côté intellectuel en négligeant l'affectif, on risque de tourner à l'intellectuel desséché, sans aucun sentiment pour les autres. La perfection exige que ces deux côtés soient développés également. C'est le but de la voie bouddhiste. C'est pourquoi un vrai bouddhiste, comprenant avec intelligence et sagesse les choses telles qu'elles sont, est plein d'amour et de compassion pour tous les êtres vivants — non seulement les humains, mais tous les êtres. La sagesse et la compassion sont inséparables dans la voie bouddhiste, comme nous le verrons.

La Conduite éthique (Sīla), basée sur l'amour et la compassion, comprend trois facteurs du Noble Sentier octuple : Parole juste, Action juste et Moyens d'existence justes (numéros 3, 4 et 5 de la liste donnée plus haut.)

La Parole juste signifie l'abstention 1. du mensonge, 2. de la médisance, de la calomnie et de toutes paroles susceptibles de causer la haine, l'inimitié, la désunion, la disharmonie entre individus ou groupes de personnes, 3. de tout langage dur, brutal, impoli, malveillant ou injurieux, et enfin 4. de bavardages oiseux, futiles, vains et sots. Du moment qu'on s'abstient de toutes ces formes de paroles fausses et nuisibles, on doit dire la vérité, on doit employer des mots amicaux et bienveillants, agréables et doux, qui aient du sens et qui soient utiles. On ne doit jamais parler négligemment : mais au moment et au lieu convenables. Si l'on n'a rien d'utile à dire, on devra garder un « noble silence. »

L'Action juste vise à promouvoir une conduite morale, honorable et pacifique. Nous sommes exhortés à nous abstenir de détruire la vie, du vol, des transactions malhonnêtes, de rapports sexuels illégitimes, et à aider les autres à mener, dans la voie droite, une vie pacifique et honorable.

Les Moyens d'existence justes : cela signifie qu'on devra s'abstenir de gagner sa vie dans une profession nuisible aux autres, comme le commerce des armes et instruments meurtriers, le commerce des boissons enivrantes et des poisons, la mise à mort des animaux, tricher, etc. et que l'on doit vivre d'une profession honorable, irréprochable, et qui ne puisse pas nuire aux autres. Il est donc clair que le bouddhisme s'oppose fermement à toute forme de guerre puisqu'il pose comme principe que le commerce d'armes ou d'instruments meurtriers est un moyen d'existence mauvais et injuste.

Ces trois facteurs du Sentier octuple (Parole juste, Action juste et Moyens d'existence justes) concernent la Conduite éthique. On doit comprendre que la conduite éthique et morale qu'enseigne le bouddhisme vise à assurer une existence heureuse et harmonieuse à la fois pour les individus et pour la société. Cette conduite morale est considérée comme la fondation indispensable de toute réalisation plus élevée. Aucun développement spirituel n'est possible sans cette base morale.

Vient ensuite la Discipline mentale qui comprend trois autres facteurs du Sentier octuple : l'Effort juste, l'Attention juste et la Concentration juste (numéros 6, 7 et 8 de la liste précédente).

L'Effort juste est la volonté énergique 1. de faire obstacle à l'apparition des états mentaux mauvais et malsains, 2. de se débarrasser des états néfastes existant déjà chez l'homme, 3. de faire apparaître des états mentaux bons et sains qui n'existent pas encore, 4. de développer et amener à la perfection les états mentaux bons et sains qui sont déjà présents. L'Attention juste consiste en une attention vigilante, à prendre soigneusement conscience 1. des activités du corps *(kāya)*, 2. des sensations et des émotions *(vedanā)*, 3. des activités de l'esprit *(citta)* et 4. des idées, pensées, conceptions et des choses *(dhamma)*.

La pratique de la concentration sur la respiration *(ānāpānasati)* est un des exercices bien connus, concernant le corps, qui est pratiqué en vue du développement mental. Il y a plusieurs autres manières de développer l'attention en relation avec le corps, comme moyens de méditation.

En ce qui concerne les sensations et les émotions, on doit se rendre clairement conscient de toutes leurs formes, plaisantes, déplaisantes ou neutres, comment elles apparaissent en nous et comment elles disparaissent.

Pour ce qui est des activités mentales, on doit se rendre compte si l'esprit est animé par la convoitise ou non, s'il s'abandonne à la haine ou non, s'il se laisse tromper par une illusion ou non, s'il est distrait ou au contraire concentré, etc. On doit être ainsi attentif à tous les mouvements de l'esprit, s'aviser de la manière dont ceux-ci apparaissent et disparaissent.

Enfin, quant aux idées, pensées, conception et choses, on doit s'aviser de leur nature, savoir comment elles apparaissent, comment elles disparaissent, comment elles se développent, comment elles sont supprimées ou détruites, et ainsi de suite.

Ces quatre formes d'entraînement mental, de méditation, sont traitées en détail dans le *Satipaṭṭhānasutta* (Discours sur l'Établissement de l'Attention [2]).

Le troisième et dernier facteur de discipline mentale est la Concentration juste qui conduit aux quatre étapes de *Dhyāna*, qu'on désigne généralement par les mots transe et recueillement. A la première étape de *Dhyāna* sont repoussés les désirs passionnés, certaines pensées malsaines comme celles de concupiscence, de malveillance, de langueur, le tracas, l'excitation et le doute, mais sont conservés les sentiments de joie, de bonheur ainsi qu'une certaine activité mentale. A la seconde étape disparaissent toutes les activités mentales, tandis que la tranquillité et la « fixation unificatrice » de l'esprit se développent ; cependant les sentiments de joie et de bonheur sont encore conservés. A la troisième étape le sentiment de joie, qui est une sensation active, disparaît aussi, tandis que persiste la disposition de bonheur avec une équanimité consciente. Enfin, à la quatrième étape de *Dhyāna*, toute sensation, même de bonheur ou de malheur, de joie ou de peine, disparaît ; seules l'équanimité et la pure attention demeurent.

Ainsi, l'esprit est entraîné, discipliné et développé par l'Effort juste, l'Attention juste et la Concentration juste.

Nous avons maintenant passé en revue les six facteurs (3, 4, 5, 6, 7, 8) du Sentier octuple et qui font l'objet de la Conduite éthique et de la Discipline mentale. Les deux facteurs qui restent à étudier, Pensée Juste et Compréhension juste, constituent la Sagesse.

2. Voir le chapitre sur la Méditation, et en appendice la traduction (abrégée) du *Sutta*.

La Pensée juste concerne les pensées de renoncement, de détachement non-égoïste, les pensées d'amour et de non-violence étendues à tous les êtres. Il est intéressant et très important de remarquer que les pensées de détachement non-égoïste, d'amour et de non-violence sont groupées dans la Sagesse. Cela montre clairement qu'une sagesse véritable doit être pourvue de ces nobles qualités et que toutes les pensées de désir égoïste, de malveillance, de haine, de cruauté, sont le résultat d'un manque de sagesse, dans toutes les sphères de la vie, individuelle, sociale ou politique.

La Compréhension juste consiste à comprendre les choses telles qu'elles sont ; ce sont les quatre Nobles Vérités qui les expliquent telles qu'elles sont. Ainsi, la Compréhension juste se réduit finalement à la compréhension des quatre Nobles Vérités. Cette compréhension est la plus haute sagesse qui voit la Réalité ultime. Il y a, selon le bouddhisme, deux sortes de compréhension : Ce que nous appelons généralement compréhension est une sorte de connaissance, une mémoire accumulée, la saisie intellectuelle d'un sujet selon certaines données. Cela est désigné, dans le bouddhisme, sous le nom de « connaissance selon » *(anubodha)*. Cela n'est pas très profond. La véritable compréhension profonde s'appelle « pénétration » *(paṭivedha)* ; c'est voir une chose dans sa nature véritable, sans nom ni étiquette. Cette pénétration n'est possible que lorsque l'esprit est libéré de toutes impuretés et qu'il est complètement développé par la pratique de la méditation [3].

Après ce bref exposé du Sentier, on voit qu'il est une manière de vivre qui peut être suivie, pratiquée et développée par chaque individu. C'est une discipline du corps, de la parole et de l'esprit, un développement et une purification de soi par soi-même. Cela n'a rien à voir avec la croyance, la prière, l'adoration ou les cérémonies. Dans ce sens, donc, il ne contient rien qui puisse être populairement appelé « religieux ». C'est un Sentier qui conduit à comprendre la Réalité ultime, à accomplir la liberté, le bonheur et la paix, par la perfection morale, spirituelle et intellectuelle.

3. Vism. (PTS), p. 510.

Il y a dans les pays bouddhistes, des coutumes et des cérémonies belles et simples aux occasions religieuses. Elles ont peu de rapport avec le Sentier réel. Mais elles sont utiles pour satisfaire certaines émotions et besoins religieux de ceux qui sont moins avancés, en les aidant graduellement le long du Sentier.

Nous avons quatre fonctions à exécuter à l'égard des quatre Nobles Vérités :

La première Noble Vérité est *dukkha*, la nature de la vie, sa souffrance, ses chagrins et ses joies, son imperfection et son insatisfaction, son impermanence et son insubstantialité. A cet égard, notre fonction est de comprendre cela comme un fait, clairement et complètement *(pariññeyya)*.

La seconde Noble Vérité est l'origine de *dukkha*, qui est désir, « soif », accompagné de toutes les autres passions, souillures et impuretés. La simple compréhension de ce fait n'est pas suffisante. Ici notre fonction est d'écarter ce désir, de l'éliminer, le détruire et le déraciner *(pahātabba)*.

La troisième Noble Vérité est la Cessation de *dukkha*, le *Nirvāṇa*, la Vérité absolue, la Réalité ultime. Ici notre fonction est de l'atteindre, la comprendre *(sacchikātabba)*.

La quatrième Noble Vérité est le Sentier conduisant à la compréhension du *Nirvāṇa*. La simple connaissance du Sentier, quelque complète qu'elle soit, ne suffit pas. Dans ce cas, notre fonction est de la suivre et de nous y tenir *(bhāvetabba)* [4].

4. Mhvg (Alutgama, 1922), p. 10.

6

La doctrine du Non-Soi : Anatta

Ce que suggèrent en général les mots Ame, Soi, Ego, ou pour employer le mot sanskrit *Ātman*, c'est qu'il existe dans l'homme une entité permanente, éternelle et absolue qui est une substance immuable derrière le monde phénoménal changeant. D'après certaines religions, chaque individu a une telle âme séparée qui est créée par Dieu et qui finalement, après la mort, vit éternellement dans l'enfer ou le ciel, sa destinée dépendant de son Créateur. D'après d'autres, elle traverse beaucoup de vies jusqu'à ce qu'elle soit purifiée complètement et s'unisse finalement à Dieu ou Brahman, l'Ame universelle ou *Ātman* dont elle émane originellement. Cette Ame ou Soi dans l'homme, est ce qui pense les pensées, ce qui ressent les sensations, et ce qui reçoit récompenses et punitions pour toutes les actions bonnes ou mauvaises. Une telle conception est appelée l'Idée du Soi.

Le bouddhisme se dresse, unique, dans l'histoire de la pensée humaine en niant l'existence d'une telle Ame, d'un Soi ou de l'*Ātman*. Selon l'enseignement du Bouddha, l'idée du Soi est une croyance fausse et imaginaire qui ne correspond à rien dans la réalité et elle est la cause des pensées dangereuses de « moi » et « mien », des désirs égoïstes et insatiables, de l'attachement, de la haine, et de la malveillance, des concepts d'orgueil, d'égoïsme et autres souillures, impuretés et problèmes. Elle est la source de tous les troubles du monde, depuis les conflits personnels jusqu'aux guerres entre nations. En bref, on peut faire remonter à cette vue fausse tout ce qui est mal dans le monde.

Il y a deux idées, psychologiquement enracinées dans l'individu : protection de soi et conservation de soi. Pour la protection de soi, l'homme a créé Dieu duquel il dépend pour sa propre protection, sauvegarde et sécurité, de même qu'un enfant dépend de ses parents. Pour la conservation de soi, l'homme a conçu l'idée d'une âme immortelle ou *Ātman* qui vivra éternellement. Dans son ignorance, sa faiblesse, sa crainte et son désir, l'homme a besoin de ces deux choses pour se rassurer et se consoler ; c'est pourquoi il s'y cramponne avec fanatisme et acharnement.

L'enseignement du Bouddha n'entretient pas cette ignorance, cette faiblesse, cette crainte et ce désir, mais tend à rendre l'homme éclairé en les supprimant, en les détruisant et en les arrachant à la racine même. Selon le bouddhisme, les idées de Dieu et d'Ame sont fausses et vides. Bien que profondément développées comme théories, elles sont néanmoins des projections mentales subtiles enrobées dans une phraséologie philosophique et métaphysique compliquée. Ces idées sont si profondément enracinées dans l'homme, elles lui sont si proches et si chères qu'il n'aime pas entendre et ne veut pas comprendre un enseignement quelconque qui leur soit contraire.

Le Bouddha savait cela et il dit textuellement que son enseignement va « à l'encontre du courant » *(paṭisotagāmī)*, à rebours des désirs égoïstes de l'homme. Quatre semaines seulement après son Eveil, assis sous un banyan, il pensa : « J'ai atteint cette Vérité qui est profonde, difficile à voir, difficile à comprendre,... compréhensible seulement par les sages... Les hommes qui sont submergés par les passions et environnés d'une masse d'obscurité ne peuvent voir cette Vérité qui va à l'encontre du courant, qui est sublime, profonde, subtile et difficile à comprendre. »

Ayant ces pensées, le Bouddha hésita un moment, se demandant s'il ne serait pas vain de tenter d'exposer au monde la Vérité qu'il venait de réaliser. Alors il compara le monde à un étang de lotus : Dans un étang il y a des lotus qui sont sous l'eau, il y en a d'autres qui n'ont atteint que la surface, d'autres encore qui se dressent au-dessus de l'eau, non touchés par elle. De la même façon, dans ce monde, il y a des hommes de différents niveaux de développement. Quelques-uns comprendront la Vérité. Le Bouddha se décida donc à enseigner [1].

La doctrine d'*Anatta* ou non-soi est le résultat naturel ou le corollaire de l'analyse des cinq Agrégats et de l'enseignement de la Production conditionnée *(Paṭicca-samuppāda)* [2].

Nous avons vu antérieurement dans la discussion de la première Noble Vérité *(Dukkha)* que ce que nous appelons un être ou un individu se compose des cinq Agrégats et que lorsqu'on les analyse et qu'on les examine, il n'y a rien derrière eux que l'on puisse prendre comme « Je », « *Ātman* », ou « Soi » ou quelque substance demeurant inchangée. Ceci est la méthode analytique. Le même résultat est atteint par la doctrine de la Production conditionnée qui est la méthode synthétique et d'après laquelle rien dans le monde n'est absolu, toute chose étant conditionnée, relative et interdépendante. Telle est la théorie bouddhiste de la relativité.

Avant d'aborder la question d'*Anatta* proprement dite, il est utile d'avoir une brève idée de la Production conditionnée. Le principe de cette doctrine est donné par une petite formule de quatre lignes :

> Quand ceci est, cela est *(Imasmiṃ sati idaṃ hoti)* ;
> Ceci apparaissant, cela apparaît *(Imassuppādā idaṃ uppajjati)* ;
> Quand ceci n'est pas, cela n'est pas *(Imasmiṃ asati idaṃ na hoti)* ;
> Ceci cessant, cela cesse *(Imassa nirodhā idaṃ nirujjhati)* [3].

Sur ce principe de conditionnalité, relativité, interdépendance, l'existence tout entière, la continuité de la vie et sa cessation sont expliquées dans une formule détaillée qui est

1. Mhvg (Alutgama, 1922), p. 4 et suiv. ; M I (PTS), p. 167 et suiv.
2. Expliqué plus loin.
3. M III (PTS), p. 63 ; S II (PTS), pp. 28, 95, etc. Ou pour la mettre sous une forme plus moderne :

> Quand A est, B est.
> A apparaissant, B apparaît.
> Quand A n'est pas, B n'est pas.
> A disparaissant, B disparaît.

appelée « *Paṭicca-samuppāda* », Production conditionnée, consistant en douze facteurs :

1. Par l'ignorance sont conditionnées les actions volitionnelles ou formations karmiques *(avijjāpaccayā saṃkhārā)*.
2. Par les actions volitionnelles est conditionnée la conscience *(saṃkhārapaccayā viññāṇaṃ)*.
3. Par la conscience sont conditionnés les phénomènes mentaux et physiques *(viññāṇapaccayā nāmarūpaṃ)*.
4. Par les phénomènes mentaux et physiques sont conditionnées les six facultés (c'est-à-dire les cinq organes des sens physiques et l'esprit) *(nāmarūpapaccayā saḷāyatanaṃ)*.
5. Par les six facultés est conditionné le contact (sensoriel et mental) *(saḷāyatanapaccayā phasso)*.
6. Par le contact est conditionnée la sensation *(phassapaccayā vedanā)*.
7. Par la sensation est conditionné le désir (la soif) *(vedanāpaccayā taṇhā)*.
8. Par le désir (la soif) est conditionnée la saisie *(taṇhāpaccayā upādānaṃ)*.
9. Par la saisie est conditionné le processus du devenir *(upādānapaccayā bhavo)*.
10. Par le processus du devenir est conditionnée la naissance *(bhavapaccayā jāti)*.
11. Par la naissance sont conditionnées (12.) la décrépitude, la mort, les lamentations, les peines, etc. *(jātipaccayā jarāmaraṇaṃ...)*.

C'est ainsi que la vie apparaît, existe et se continue. Si l'on prend cette formule dans son sens contraire on arrive à la cessation du processus : par la cessation complète de l'ignorance, les actions volitionnelles ou formations karmiques cessent ; par la cessation des activités volitionnelles, la conscience cesse ; ... par la cessation de la naissance, la décrépitude, la mort, les lamentations cessent.

Mais on doit clairement comprendre que chacun de ces facteurs est conditionné *(paṭiccasamuppanna)* aussi bien que conditionnant *(paṭiccasamuppāda)* [4]. Ils sont donc tous relatifs

4. Vism. (PTS), p. 517.

et interdépendants, et rien n'est absolu ou indépendant ; de là, aucune cause première n'est acceptée par le bouddhisme ainsi que nous l'avons vu antérieurement [5]. La Production conditionnée doit être considérée comme un cercle et non comme une chaîne [6].

La question du libre arbitre (libre volonté) a occupé une place importante dans la pensée et la philosophie occidentales, mais du fait de la Production conditionnée cette question ne se pose pas, et ne peut pas se poser dans la philosophie bouddhiste. Si la totalité de l'existence est relative, conditionnée, et interdépendante, comment, seule, la volonté pourrait-elle être libre ? La volonté, comme toute autre pensée, est conditionnée. La prétendue « liberté » elle-même est une chose conditionnée et relative. S'il y a le libre arbitre, il est aussi conditionné et relatif. Il ne peut y avoir quoi que ce soit d'absolument libre physiquement ou mentalement, étant donné que toute chose est interdépendante et relative. Le libre arbitre implique une volonté indépendante de conditions, indépendante de cause et d'effets. Comment une volonté, ou n'importe quelle chose, pourrait-elle apparaître sans conditions, en dehors de cause et d'effets, alors que la totalité de l'existence est conditionnée, relative et soumise à la loi de cause et d'effet ? Ici encore l'idée du libre arbitre est, à la base, en relation avec les idées de Dieu, Ame, Justice, récompense et punition. Non seulement ce qui est appelé libre arbitre n'est pas libre mais l'idée même de libre arbitre n'est pas libre de conditions.

D'après la doctrine de la Production conditionnée, aussi bien que d'après l'analyse de l'être en Cinq Agrégats, l'idée d'une substance demeurant immortelle dans l'homme ou hors de l'homme, qu'on l'appelle « *Ātman* », « *Je* », « *Ame* », « *Soi* » ou « *Ego* », est considérée comme une croyance fausse, une projection mentale. Telle est la doctrine bouddhiste de *Anatta*, Non-Ame ou Non-Soi.

5. Voir plus haut, page 47.
6. L'espace limité dont nous disposons ne permet pas ici la discussion de cette doctrine très importante. Une étude critique et comparative de ce sujet sera donnée en détail dans un ouvrage prochain de l'auteur sur la philosophie bouddhiste.

Afin d'éviter une confusion, il faut mentionner ici qu'il y a deux sortes de vérités : la vérité conventionnelle *(sammuti-sacca,* skt. *saṃvṛti-satya)* et la vérité ultime *(paramattha-sacca,* skt. *paramārtha-satya)* [7]. Quand, dans la vie courante, on emploie des expressions telles que « je », « vous », « être », « individu », ce n'est pas dire un mensonge du fait qu'il n'y a pas un tel « soi » ou « être », mais c'est dire une vérité conformément à une convention du monde. Mais la vérité ultime est qu'il n'y a en réalité ni « je », ni « être ». Comme le *Mahāyāna-sūtrālaṅkāra* le dit : « On fait mention d'une personne *(pudgala)* comme existant seulement en tant que désignation *(prajñapti)*, (c'est-à-dire que conventionnellement il y a un être), mais pas en tant que réalité (*dravya* ou substance) [8].

« La négation d'un *Ātman* impérissable est la caractéristique commune de tout système dogmatique, que ce soit du Petit ou du Grand Véhicule, et il n'y a dès lors aucune raison de prétendre que cette tradition bouddhiste qui est en accord complet sur ce point, ait dévié de l'enseignement originel du Bouddha [9]. »

Il est donc curieux que récemment il se soit produit une vaine tentative, de la part de quelques érudits [10], pour introduire clandestinement dans l'enseignement du Bouddha, l'idée du Soi, absolument contraire à l'esprit même du bouddhisme. Ces érudits admirent, respectent et vénèrent le Bouddha et son enseignement. Mais ils ne peuvent imaginer que le Bouddha, qu'ils considèrent comme le penseur le plus clair et le plus profond, puisse avoir nié l'existence d'un *Ātman* ou d'un Soi dont ils ont tellement besoin. Ils cherchent inconsciemment l'appui du Bouddha pour ce besoin d'existence éternelle — bien sûr pas dans un pauvre petit soi individuel, avec un s minuscule, mais dans un grand Soi, avec une majuscule.

Il vaut mieux dire franchement que l'on croit en un *Ātman*

7. Sāratthа II (PTS), p. 77.
8. Mh. Sūtrālaṇkāra, XVIII, 92.
9. H. von Glasenapp, dans un article « Vedanta and Buddhism » sur la question d'Anatta, *The Middle Way*, février 1957, p. 154.
10. Mme Rhys Davids et d'autres. Voir de Mme Rhys Davids : *Gotama the Man, Sakya or Buddhist Origins. A Manual of Buddhism, What was the Original Buddhism,* etc.

ou Soi ; ou on peut même aller jusqu'à dire que le Bouddha s'est totalement trompé en niant l'existence d'un *Ātman* ; mais certainement il n'est pas bon pour quiconque d'essayer d'introduire dans le bouddhisme une idée que le Bouddha n'a jamais acceptée aussi loin que nous puissions remonter dans les textes originaux existants.

Les religions qui croient en Dieu et en l'Ame ne font aucun secret de ces deux idées, bien au contraire elles les proclament d'une façon constante et répétée dans les termes les plus éloquents. Si le Bouddha avait accepté ces deux idées si importantes dans toutes les autres religions, il les aurait certainement déclarées publiquement, comme il a parlé des autres choses, et ne les aurait pas cachées pour qu'elles soient découvertes seulement vingt-cinq siècles après sa mort.

Les gens sont irrités par l'idée que, d'après l'enseignement du Bouddha sur *Anatta*, le Soi qu'ils s'imaginent avoir sera détruit. Le Bouddha ne l'ignorait pas.

Une fois, un moine lui demanda : « Seigneur, existe-t-il, le cas où quelqu'un se tourmente de ne pas trouver quelque chose de permanent en lui ? » — « Oui, bhikkhu, le cas existe. Un homme a l'idée suivante : « Cet Univers est cet *Ātman* ; après la mort, je serai cela, qui est permanent, qui demeure, qui dure, qui ne change pas, et j'existerai comme tel pour l'éternité. » Puis il entend le *Tathāgata* ou un de ses disciples prêchant la doctrine tendant à la destruction complète de toute vue spéculative... tendant à l'extinction de la « soif » (désir), tendant au détachement, à la cessation, au *Nirvāṇa*. Alors cet homme pense : « Ainsi je serai annihilé, je serai détruit, je ne serai plus. » Alors il gémit, se tourmente, se lamente, pleure en frappant sa poitrine et devient égaré. C'est ainsi, ô bhikkhu, qu'existe le cas où quelqu'un se tourmente de ne pas trouver quelque chose de permanent en lui [11]. »

Ailleurs le Bouddha dit : « O bhikkhus, cette idée : je ne serai plus, je n'aurai plus, est effrayante pour l'homme ordinaire non instruit [12]. »

11. M I (PTS), pp. 136-137.
12. Cité dans MA II (PTS), p. 112.

Ceux qui veulent trouver un Soi dans le bouddhisme raisonnent ainsi : il est vrai que le Bouddha analyse l'être en matière, sensations, perceptions, formations mentales et conscience, et déclare qu'aucune de ces choses n'est le Soi, mais il ne dit pas qu'il n'y ait pas de Soi du tout, dans l'homme ou quelque part ailleurs en dehors de ses agrégats.

Cette position est insoutenable pour deux raisons :

La première est que d'après l'enseignement du Bouddha, un être est composé de ces cinq Agrégats et de rien d'autre. En aucun endroit il ne dit qu'il y aurait dans un être quelque chose de plus que ces cinq Agrégats.

La deuxième raison est que le Bouddha nie catégoriquement, en termes non équivoques et en plus d'un endroit, l'existence d'un *Ātman*, Ame, Soi ou Ego dans l'homme ou en dehors de lui, ou quelque part ailleurs dans l'Univers. En voici quelques exemples :

Dans le *Dhammapada*, il y a trois vers extrêmement importants et essentiels dans l'enseignement du Bouddha. Ce sont les N° 5, 6 et 7 du chapitre XX (ou les vers 277, 278 et 279).

Les deux premiers vers disent :

> « Toutes les choses conditionnées sont impermanentes *(Sabbe SAṂKHĀRĀ aniccā).* »
>
> « Toutes les choses conditionnées sont *dukkha (Sabbe SAṂKHĀRĀ dukkhā).* »

Le troisième vers dit :

> « Tous les *dhamma* sont sans soi *(Sabbe DHAMMĀ anattā)* [13]. »

Ici il faut soigneusement observer que dans les deux premiers vers, c'est le mot *saṃkhārā* (choses conditionnées) qui est utilisé. Mais à cette même place dans le troisième vers c'est le mot *dhammā* qui est utilisé. Pourquoi ce troisième vers n'utilise-t-il pas le mot *saṃkhārā* comme les deux premiers vers et pourquoi

13. La traduction de F. L. Woodward du mot *dhammā* ici par « All states compounded » est absolument erronée. (The Buddha's *Path of Virtue*, Adyar, Madras, India, 1929, p. 69). « All states compounded » correspond seulement à *saṃkhārā* mais non à *dhammā*.

utilise-t-il le mot *dhammā* ? C'est là le point crucial de toute la question.

Le terme *saṃkhārā*[14] représente les cinq Agrégats, tous conditionnés, interdépendants, états et choses relatifs, à la fois physiques et mentaux. Si le troisième vers avait dit : « tous les *saṃkhārā* (choses conditionnées) sont sans soi », on aurait alors pu penser que bien que les choses conditionnées soient sans soi, il peut cependant y avoir un Soi en dehors des choses conditionnées, en dehors des cinq Agrégats. C'est pour éviter cette interprétation fausse que justement le mot *dhammā* a été utilisé dans le troisième vers.

Le mot *dhamma* a un sens beaucoup plus large que *saṃkhāra*. Il n'y a pas, dans toute la terminologie bouddhiste, de terme plus large que *dhamma*. Il comprend non seulement les choses ou états conditionnés, mais aussi le non-conditionné, l'Absolu, le *Nirvāṇa*. Il n'y a rien dans l'Univers ou en dehors, bon ou mauvais, conditionné ou non-conditionné, relatif ou absolu, qui ne soit pas inclus dans ce terme. C'est pourquoi il est parfaitement clair que d'après cet énoncé : « Tous les *dhamma* sont sans Soi » il n'y a pas de Soi ou d'*Ātman* non seulement dans les cinq Agrégats mais aussi n'importe où ailleurs, en dehors d'eux ou à part eux[15].

Cela signifie, d'après l'enseignement du Theravāda, qu'il n'y a pas de Soi, ni dans l'individu *(puggala)*, ni dans les *dhamma*. La philosophie bouddhiste du Mahāyāna soutient exactement sur ce point la même position sans la moindre différence, mettant l'accent sur *dharma-nairātmya* aussi bien que sur *pudgala-nairātmya*.

Dans l'*Alagaddūpama-sutta* du *Majjhima-nikāya*, s'adressant à ses disciples, le Bouddha dit :

14. *Saṃkhārā* dans la liste des Cinq Agrégats signifie « formations mentales » ou « activités mentales » produisant des effets karmiques. Mais ici il signifie toutes les choses conditionnées ou composées, incluant également les Cinq Agrégats. Le terme *saṃkhārā* a différentes significations dans différents contextes.

15. Cf. aussi *Sabbe saṃkhārā aniccā* « toutes les choses conditionnées sont impermanentes », *sabbe dhammā anattā* « tous les *dhamma* sont sans soi ». M I (PTS), p. 228 ; S II, pp. 132-133.

« O Bhikkhus, acceptez une théorie de l'âme *(atta-vāda)* qui n'engendre ni douleurs, ni lamentations, ni souffrances, ni afflictions, ni tribulations chez celui qui l'accepte. Mais connaissez-vous, bhikkhus, une telle théorie de l'âme qui n'engendre ni douleurs, ni lamentations, ni souffrances, ni afflictions, ni tribulations chez celui qui l'accepte ?

— Certainement pas, Seigneur.

— C'est bien, bhikkhus ; moi non plus, ô bhikkhus, je ne connais pas de théorie de l'âme qui n'engendre ni douleurs, ni lamentations, ni souffrances, ni afflictions, ni tribulations chez celui qui l'accepte [16] ».

S'il y avait eu une quelconque théorie de l'âme que le Bouddha eût acceptée, il l'aurait certainement exposée ici, puisqu'il demande aux bhikkhus d'accepter une théorie de l'âme qui n'engendre pas de souffrance. Mais selon le Bouddha, il n'y a pas de telle théorie de l'âme, et une quelconque théorie de l'âme, quelle qu'elle puisse être, aussi subtile et sublime soit-elle, est fausse et imaginaire, crée toutes sortes de problèmes et entraîne avec elle douleurs, lamentations, souffrances, afflictions et tribulations.

Poursuivant son discours, le Bouddha dit dans le même *sutta* :

« O bhikkhus, alors que ni Soi, ni rien appartenant au Soi ne peuvent véritablement et réellement être trouvés, cette vue spéculative : « Cet univers est cet *Ātman* (âme) ; après la mort je serai cela, qui est permanent, qui demeure, qui dure, qui ne change pas, et j'existerai comme tel pour l'éternité » — n'est-elle pas totalement et complètement insensée [17] ? »

Ici. le Bouddha dit d'une façon parfaitement explicite que nulle part un *Ātman* ou Ame, ou Soi ne peut être trouvé dans la réalité et qu'il est insensé de croire une telle chose.

16. M I (PTS), p. 137.

17. *Ibid.*, p. 138. Se référant à ce passage, S. Radhakrishnan *(Indian Philosophy*, vol. I, Londres, 1940, p. 485) dit : « C'est la vue fausse qui réclame la continuité perpétuelle du petit soi que le Bouddha réfute ». Nous ne sommes pas d'accord sur cette remarque. Au contraire, en fait, le Bouddha réfute ici l'Ame ou l'*Atman* universel. Comme nous venons de le voir dans le passage ci-dessus, le Bouddha n'accepte aucun soi, grand ou petit. Dans son idée, toutes les théories de l'*Ātman* sont fausses, elles ne sont que des projections mentales.

Ceux qui cherchent un Soi dans l'enseignement du Bouddha donnent quelques exemples que d'abord ils traduisent mal et de ce fait interprètent mal. L'un d'eux est le vers bien connu : *Attā hi attano nātho* du *Dhammapada* (XII, 4, ou vers 160) qu'ils traduisent : « le Soi est le Seigneur du soi » et de ce fait interprètent comme voulant dire : le grand Soi est le Seigneur du petit soi.

Tout d'abord, cette traduction est incorrecte. *Attā* ici ne veut pas dire Soi dans le sens d'Ame. En Pali, le mot *attā* est généralement usité comme pronom réfléchi ou indéfini, excepté dans des cas peu nombreux où spécifiquement et philosophiquement il se réfère à la théorie de l'Ame comme nous l'avons vu plus haut. Mais dans l'usage courant, comme dans le chapitre XII du *Dhammapada* où ce vers apparaît, et dans bien d'autres endroits, il est usité comme pronom réfléchi ou indéfini, se traduisant par « moi-même, « vous-même », « lui-même » ou « soi-même », etc. [18].

Ensuite le mot *nātho* ne veut pas dire « Seigneur » mais « refuge », « soutien », « aide », « protection » [19]. Donc *Attā hi attano nātho* signifie en réalité : « Chacun est son propre refuge » ou « chacun est sa propre aide, son propre soutien. » Cela n'a rien à voir avec une âme ou un soi métaphysique. Cela signifie simplement qu'on ne doit compter que sur soi-même et non pas sur autrui.

18. Dans son article « Vedanta and Buddhism » (*The Middle Way*, février 1957), H. von Glasenapp explique ceci clairement.

19. Le Commentaire du Dhp dit : *Nātho'ti patiṭṭhā.* « Natho signifie soutien (refuge, aide, protection) ». (Dhp A III (PTS) p. 148). Le vieux *Sannaya* cinghalais du Dhp paraphrase le mot *nātho* en *pihiṭa vanneya* « est un soutien (refuge, aide) » (*Dhammapada Purāṇasannaya*, Colombo, 1926, p. 77). Si l'on prend la forme négative de *nātho* cette signification est encore confirmée : *Anātha* ne veut pas dire « sans Seigneur » mais il signifie « sans aide » « sans soutien » « non protégé » « pauvre ». Même le Dictionnaire pali PTS explique le mot *nātha* par « protector » « refuge » « help », mais pas par Seigneur (« Lord »). La traduction du mot *Lokanātha* (s. v.) par « Sauveur du monde » (Saviour of the World) se servant justement de l'expression chrétienne courante n'est pas absolument correcte, parce que le Bouddha n'est pas un sauveur. Cette épithète signifie réellement : « Refuge du monde ».

Un autre exemple de l'essai d'introduction de l'idée du Soi dans l'enseignement du Bouddha se trouve dans la phrase bien connue : *Attadīpā viharatha, attasaraṇā anaññasaraṇā* qui est extraite de son contexte du *Mahāparinibbāna-sutta* [20]. Cette phrase signifie littéralement : « Demeurez en faisant de vous-même votre île (votre soutien), faisant de vous-même votre refuge, (ne cherchant) personne d'autre pour votre refuge [21]. » Ceux qui veulent voir un Soi dans le bouddhisme interprètent les mots *attadīpā* et *attasaraṇā* comme « prenant le Soi comme lampe » et « prenant le Soi comme refuge [22]. »

On ne peut pas comprendre le sens et la signification complète de ce conseil du Bouddha à Ānanda si on ne prend pas en considération l'arrière-plan et le contexte d'où sont tirées ces paroles.

En ce temps-là, le Bouddha demeurait dans un village appelé Beluva. C'était juste trois mois avant sa mort, son *parinirvāṇa.* A cette époque, il avait quatre-vingts ans, souffrait d'une très sérieuse maladie et était presque mourant *(māraṇantika).* Mais il pensa qu'il ne serait pas convenable de mourir sans en informer ses disciples proches et chers. Aussi, avec courage et détermination, il surmonta toutes ses souffrances, reprit le dessus de sa maladie et guérit. Mais sa santé était précaire. Après sa guérison, un jour qu'il était assis à l'ombre, hors de sa demeure, Ānanda, le disciple le plus dévoué du Bouddha vint auprès du Maître bien aimé, s'assit à côté de lui et lui dit : « Seigneur, j'ai veillé sur la santé du Bienheureux, j'ai veillé sur lui dans sa maladie, mais en voyant la maladie du Bienheureux l'horizon

20. D II (Colombo, 1929), p. 62.

21. Rhys Davids (traduction du *Dīgha-nikāya* II, p. 108) : « Be ye lamps unto yourselves. Be ye a refuge to yourselves. Betake yourselves to no external refuge. »

22. *Dīpa* ici ne signifie pas « lampe » mais il signifie précisément « île ». Le Commentaire du *Dīgha-nikāya* (DA, Colombo, p. 380) commentant le mot *dīpa* dit ici : *Mahāsamuddagataṃ dīpaṃ viya attānaṃ dīpaṃ patiṭṭhaṃ katvā viharatha* « Demeurez faisant de vous-même une île ; un soutien (une place de repos) de même qu'une île dans le grand océan ». *Saṃsāra,* la continuité de l'existence, est souvent comparé à un océan *(saṃsāra-sāgara)* ; et ce qu'on recherche dans l'océan pour sa sauvegarde est une île, une terre solide, et non une lampe.

me devenait sombre et mes facultés n'étaient plus claires. Cependant j'avais une petite consolation : je pensais que le Bienheureux ne disparaîtrait pas avant d'avoir donné ses instructions concernant l'Ordre du *Sangha.* »

Alors, le Bouddha, plein de compassion et de sentiments humains parla avec bonté à son disciple dévoué et bien aimé : « Ānanda, qu'attend de moi l'Ordre du *Sangha* ? J'ai enseigné le *Dhamma* (la Vérité) sans faire aucune distinction comme l'ésotérique et l'exotérique. En ce qui concerne les Vérités, le *Tathāgata* n'a rien de semblable au 'poing fermé du maître' *(ācariya muṭṭhi)*. Certainement, Ānanda, s'il y a quelqu'un qui pense pouvoir diriger le *Sangha* et que le *Sangha* puisse dépendre de lui, qu'il donne ses instructions. Mais le *Tathāgata* n'a pas de telle pensée. Pourquoi alors laisserait-il des instructions concernant le *Sangha* ? Ānanda, je suis vieux maintenant, j'ai quatre-vingts ans. De même qu'un chariot usagé a besoin de réparations pour servir encore, de même, il me semble, le corps du *Tathāgata* a besoin de réparations pour servir encore. *Donc Ānanda, demeurez en faisant de vous-même votre île (votre soutien), faisant de vous-même, et de personne d'autre, votre refuge : faisant du* Dhamma *votre île (votre soutien), du* Dhamma *votre refuge, et de rien d'autre* [23]. »

Ce que le Bouddha désirait exprimer à Ānanda est parfaitement clair. Ānanda était triste et déprimé. Il pensait qu'ils allaient se trouver seuls, sans aide, sans refuge, sans chef, après la mort du grand Maître. Aussi le Bouddha lui apporte consolation, courage et confiance, lui disant qu'ils auraient à dépendre d'eux-mêmes et du *Dhamma* qu'il avait enseigné, et de personne d'autre, ni de rien d'autre. Ici la question d'un *Ātman* ou d'un Soi métaphysique est absolument hors de propos.

Et de plus, le Bouddha explique à Ānanda comment on peut être sa propre île ou refuge et comment on peut faire du *Dhamma* sa propre île ou refuge : c'est par la culture de l'attention à l'égard du corps, des sensations, de l'esprit et des objets mentaux

23. D II (Colombo 1929), pp. 61-62. Seule la dernière phrase est traduite littéralement ; le reste de l'histoire est résumé brièvement d'après le *Mahāparinibbāna-sutta*.

(les quatre *Satipaṭṭhāna*) [24]. Ici encore il n'y a aucun mot relatif à un *Ātman* ou à un Soi.

Il y a encore un autre exemple utilisé par ceux qui tentent de trouver un *Ātman* dans l'enseignement du Bouddha.

Une fois, le Bouddha était assis sous un arbre dans une forêt sur la route de Bénarès à Uruvelā. Ce jour-là, trente amis, tous jeunes princes, allèrent faire une sorte de pique-nique avec leurs jeunes femmes dans cette même forêt. L'un d'eux qui n'était pas marié avait amené une prostituée avec lui. Mais pendant qu'ils se distrayaient elle déroba des objets de valeur et disparut. Tandis qu'ils la recherchaient dans la forêt, ils virent le Bouddha assis sous un arbre et lui demandèrent s'il n'avait pas vu une femme. Le Bouddha leur demanda pourquoi. Ils lui racontèrent l'incident. Alors le Bouddha les interrogea : « Que pensez-vous, jeunes gens, lequel est le meilleur pour vous, chercher une femme ou vous chercher vous-mêmes [25] ? »

Ici encore c'est une question simple et naturelle, et il n'y a aucune raison d'introduire dans l'affaire l'idée lointaine d'*Ātman* ou de Soi métaphysique.

Ils répondirent qu'il valait mieux pour eux se chercher eux-mêmes. Alors le Bouddha leur demanda de s'asseoir autour de lui et il leur exposa le *Dhamma*. D'après le récit de ce qu'il leur prêcha et qu'on trouve dans le texte original, pas un mot n'est mentionné au sujet de l'*Ātman*.

On a beaucoup écrit, discuté et spéculé sur le sujet du silence du Bouddha alors qu'un certain *Parivrājaka* (Errant), nommé Vacchagotta lui demandait s'il y avait un *Ātman* ou non. Voici l'histoire :

Vacchagotta vient auprès du Bouddha et lui demande :
« Vénérable Gotama, y a-t-il un *Ātman* ? »
Le Bouddha reste silencieux.
« Alors Vénérable Gotama, il n'y a pas d'*Ātman* ? »
Le Bouddha reste également silencieux.
Alors Vacchagotta se lève et s'en va.

24. *Ibid.*, p. 62. Pour *Satipaṭṭhāna*, voir le chapitre VII sur la Méditation.

25. Vinaya : *Mahāvagga* (Alutgama, 1929), pp. 21-22.

Après le départ du *Parivrājaka*, Ānanda demanda au Bouddha pourquoi il n'avait pas répondu à la question de Vacchagotta. Le Bouddha expliqua sa position : « Ānanda, quand Vacchagotta l'errant m'a posé la question : Vénérable Gotama, y a-t-il un Soi ?, si j'avais répondu : Il y a un Soi, alors Ānanda, cela aurait été se ranger du côté de ces reclus et *brāhmaṇa* qui soutiennent la théorie éternaliste *(sassatavāda)*.

« Et Ānanda, quand Vacchagotta l'errant m'a posé la question : Vénérable Gotama, il n'y a pas de Soi ?, si j'avais répondu : il n'y a pas de Soi, alors Ānanda, cela aurait été se ranger du côté de ces reclus et *brāhmaṇa* qui soutiennent la théorie annihiliste *(ucchedavāda)* [26].

« Et encore Ānanda, quand Vacchagotta l'errant m'a posé la question : Vénérable Gotama, y a-t-il un Soi ?, si j'avais répondu : il y a un Soi, alors Ānanda, cela aurait-il été en accord avec ma connaissance que tous les *dhamma* sont sans Soi [27] ?

— Certainement pas, Seigneur.

— Et encore Ānanda, quand Vacchagotta l'errant m'a posé la question : Vénérable Gotama, n'y a-t-il pas de Soi ?, si j'avais répondu : il n'y a pas de Soi, alors Ānanda, cela aurait été pour Vacchagotta l'errant une plus grande confusion encore, lui qui

26. En une autre occasion le Bouddha avait dit à ce même Vacchagotta que le Tathāgata n'avait pas de théorie parce qu'il avait vu la nature des choses (M I (PTS) p. 486). Ici aussi il ne veut s'associer à aucun théoricien.

27. *Sabbe dhammā anattā* (exactement les mêmes mots que dans la première ligne du Dhp XX, 7 que nous avons discutée ci-dessus). Ici la traduction de ces mots par Woodward par « all things are impermanent » *(Kindred Sayings* IV, p. 282) est complètement fausse, probablement due à une méprise. Mais ceci est une faute très sérieuse. C'est peut-être une des raisons de tant de mots inutiles au sujet du silence du Bouddha. Le mot le plus important dans ce contexte : *anatta* « sans soi » a été traduit par « impermanent ». Les traductions anglaises de textes palis contiennent des erreurs majeures et mineures de cette sorte — les unes dues à une négligence ou une méprise, les autres à une imparfaite connaissance de la langue originelle. Quelle qu'en soit la cause, il est utile de mentionner ici, avec toute la déférence due à ces grands pionniers dans ce domaine, que ces erreurs portent la responsabilité de la grande masse de fausses idées sur le bouddhisme parmi ceux qui n'ont pas accès aux textes originaux. Il est bon de savoir que Miss I. B. Horner, présidente de la *Pali Text Society*, projette de donner une nouvelle traduction révisée de ces textes.

est déjà confus [28] ; car il aurait pensé : antérieurement j'avais en effet un *Ātman*, mais maintenant je n'en ai plus [29]. »

La raison pour laquelle le Bouddha est resté silencieux devrait être maintenant parfaitement claire. Mais celà sera plus clair encore, si nous prenons en considération tout l'arrière-plan et la façon dont le Bouddha traitait les questions et les interrogateurs — ces deux choses étant ignorées de ceux qui ont discuté ce problème.

Le Bouddha n'était pas une machine à répondre donnant sans aucune considération les réponses quelles que soient les questions posées et quel que soit celui qui les posait. Il était un instructeur pratique, plein de compassion et de sagesse. Il ne répondait pas aux questions pour montrer son intelligence et sa connaissance mais pour aider celui qui le questionnait dans la Voie de la réalisation. Il parlait toujours aux gens en ayant à l'esprit leurs niveaux de développement, leurs tendances, leurs tournures d'esprit, leurs caractères, leurs aptitudes à comprendre un sujet particulier [30].

D'après le Bouddha, il y a quatre façons de traiter les questions : 1. à certaines on doit répondre directement ; 2. à d'autres on doit répondre de façon à les analyser ; 3. à d'autres encore on doit répondre par des contre-questions ; 4. et enfin il y a des questions qu'on doit laisser de côté [31].

Il peut y avoir plusieurs façons de laisser de côté une question. L'une est de dire qu'une question particulière n'a pas de réponse ou d'explication, comme fit le Bouddha à l'égard de ce même Vacchagotta à plus d'une occasion quand ces célèbres

28. En fait, en une autre occasion, évidemment antérieure, alors que le Bouddha exposait une certaine question profonde et subtile — la question de ce qu'il arrivait à un Arahant après sa mort — Vacchagotta dit : « Vénérable Gotama, maintenant je suis dans l'ignorance, je suis dans la confusion ; quelque petite foi que j'avais au commencement de cette conversation avec le Vénérable Gotama, maintenant, elle est aussi partie. » (M I (PTS) p. 487). C'est pourquoi le Bouddha ne veut pas le mettre de nouveau dans la confusion.

29. S IV (PTS), pp. 400-401.

30. Cette connaissance du Bouddha est appelée : *Indriyaparopariyattañāṇa* (M I (PTS), p. 70 ; Vibh. (PTS), p. 340).

31. A (Colombo, 1929), p. 216.

questions de savoir si l'Univers était éternel ou non, etc..., lui furent posées [32]. C'est de la même façon qu'il répondit à Māluṅkyaputta et à d'autres. Mais il ne pouvait pas agir ainsi en ce qui concerne la question de savoir s'il y avait un *Ātman* (Soi) ou non, parce qu'il l'avait toujours discutée et expliquée. Il ne pouvait pas dire : « Il y a un Soi » parce que cela était contraire à sa connaissance que « tous les *dhamma* sont sans Soi » ; et il ne voulait pas dire : « il n'y a pas de Soi » parce que cela aurait, sans nécessité et sans raison, rendu plus confus et plus troublé le malheureux Vacchagotta qui était déjà troublé par une question semblable comme il l'avait avoué antérieurement [33], et n'était pas encore en mesure de comprendre l'idée de *Anatta*. Donc, laisser de côté cette question en restant silencieux était le moyen le plus sage d'agir dans ce cas particulier.

Il ne faut pas oublier non plus que le Bouddha connaissait déjà Vacchagotta depuis longtemps. Ce n'était pas la première fois que cet Errant interrogateur venait le voir. Le Maître sage et plein de compassion pensait souvent à ce chercheur confus et lui montrait sa considération. Il y a de nombreuses références dans les textes palis à ce même Vacchagotta l'Errant et au fait qu'il se rendait souvent auprès du Bouddha et de ses disciples et leur posait encore et encore les mêmes sortes de questions qui le tourmentaient et l'obsédaient [34]. Le silence du Bouddha semble avoir eu plus d'effet sur Vacchagotta que toute autre discussion ou réponse éloquente [35].

Certains prennent le Soi pour ce qui est généralement appelé

32. Par exemple S IV (PTS), pp. 393-395 ; M I (PTS), p. 484.

33. Voir p. 90, note 26.

34. Par exemple voir S III (PTS), pp. 257-263 ; IV, pp. 391 et suiv. ; 398 et suiv. ; 400 ; M I pp. 481 et suiv. ; 483 et suiv. ; 489 et suiv. ; A V p. 193.

35. Car nous voyons qu'après un certain temps, Vacchagotta vint à nouveau voir le Bouddha, mais cette fois, il ne posa aucune question comme à son habitude, mais il dit : « Il y a longtemps que je n'ai eu un entretien avec le Vénérable Gotama. Ce serait bien si le Vénérable Gotama voulait m'instruire brièvement sur le bien et le mal *(kusalākusalaṃ)* ». Le Bouddha répondit qu'il lui exposerait le bien et le mal en bref et en détail, et il le fit. Finalement Vacchagotta devint un disciple du Bouddha, comprit la Vérité, atteignit le *Nirvāṇa*, et les problèmes d'*Ātman* et autres ne l'obsédèrent plus (M I (PTS), pp. 489 et suiv.).

« esprit » ou « conscience ». Mais le Bouddha dit qu'il vaut mieux qu'un homme considère son corps physique comme « Soi » plutôt que l'esprit, la pensée ou la conscience, parce que le premier semble plus solide que ceux-ci, parce que l'esprit, la pensée ou la conscience *(citta, māno, viññāṇa)* changent constamment jour et nuit plus rapidement que le corps *(kāya)* [36].

C'est la vague sensation d'un « JE SUIS » qui crée cette idée de Soi qui n'a aucune réalité correspondante, et voir cette vérité c'est réaliser le *Nirvāṇa* — ce qui n'est pas facile ! Il y a dans *Saṃyutta-nikāya* [37] une conversation lumineuse sur ce point entre un bhikkhu nommé Khemaka et un groupe de bhikkhus.

Ces moines demandent à Khemaka si dans les cinq Agrégats il voit un Soi ou quelque chose appartenant à un Soi. Khemaka répond « Non ». Alors les bhikkhus disent que s'il en est ainsi, c'est qu'il doit être un *Arahant* libéré de toute impureté. Mais Khemaka confesse que bien qu'il ne trouve pas dans les cinq Agrégats, un Soi ou quelque chose appartenant à un Soi, « Je ne suis pas un *Arahant* libéré de toute impureté. Amis, en rapport avec les cinq Agrégats d'attachement, j'ai la sensation : « JE SUIS », mais je ne vois pas clairement : « ceci est JE SUIS. » Puis Khemaka explique que ce qu'il appelle « JE SUIS » n'est ni matière, ni sensation, ni perception, ni formations mentales, ni conscience, ni quelque chose en dehors d'eux. Mais il a la sensation : « JE SUIS » en rapport avec les cinq Agrégats d'attachement bien qu'il ne puisse voir clairement « ceci est JE SUIS » [38].

Il dit que c'est comme l'odeur d'une fleur qui n'est ni l'odeur des pétales, ni celle de la couleur, ni celle du pollen, mais l'odeur de la fleur.

De plus, Khemaka explique que même une personne qui a atteint les premières étapes de réalisation conserve encore cette sensation de « JE SUIS ». Mais plus tard, quand elle a encore progressé, cette sensation de « JE SUIS » disparaît elle aussi,

36. S II (PTS), p. 94. Certains pensent que l'*Ālayavijñāna* « Conscience-tréfonds *(Tathāgatagarbha)* du bouddhisme mahāyāniste est quelque chose de semblable à un Soi. Mais le *Laṅkāvatāra-sūtra* dit catégoriquement que ce n'est pas l'*Ātman* (Lanka, pp. 78-79).

37. S III (PTS), pp. 126 et suiv.

38. C'est ce que beaucoup de gens pensent de nos jours au sujet du Soi.

de même que l'odeur chimique d'une étoffe fraîchement lavée disparaît après un certain temps quand elle a été rangée dans un coffre.

Cette discussion fut si utile et si lumineuse pour eux, qu'à la fin de celle-ci, dit le texte, tous, y compris Khemaka lui-même, devinrent des *Arahant* libérés de toute impureté, s'étant ainsi finalement débarrassés de « JE SUIS ».

D'après l'enseignement du Bouddha, il est aussi mauvais de soutenir l'opinion « je n'ai pas de Soi » (qui est la théorie annihiliste) que de soutenir l'opinion « j'ai un soi » (qui est la théorie éternaliste) parce que toutes les deux sont des liens, toutes les deux se levant de la fausse idée « JE SUIS ». La position correcte à l'égard de la question d'*Anatta* est non pas de soutenir telle ou telle vue ou opinion, mais d'essayer de voir les choses objectivement, telles qu'elles sont, sans projections mentales, de voir que ce que l'on appelle « Je » ou « Etre » est seulement une combinaison d'agrégats physiques et mentaux qui agissent ensemble d'une façon interdépendante dans un flux de changement momentané, soumis à la loi de causes et d'effets, et qu'il n'y a rien de permanent, d'éternel et sans changement dans la totalité de l'existence universelle.

Ici une question se pose naturellement : s'il n'y a pas d'*Ātman*, ou Soi, qui reçoit le résultat du *karma* (des actions) ? Personne ne peut répondre à cette question mieux que le Bouddha luimême. Lorsqu'un bhikkhu lui pose cette question, le Bouddha dit : « Je vous ai enseigné, ô bhikkhu, à voir la conditionnalité partout et en toute chose [39]. »

L'enseignement du Bouddha sur *Anatta*, non-Ame ou non-Soi, ne doit pas être considéré comme négatif ou nihiliste. De même que le *Nirvāṇa*, il est Vérité et Réalité ; et la Réalité ne peut pas être négative. C'est la fausse croyance en un Soi imaginaire, non existant, qui est négative. L'enseignement d'*Anatta* dissipe l'obscurité des fausses croyances et produit la lumière de la Sagesse. Il n'est pas négatif. Comme Asanga le dit très justement : « Il y a le fait qu'il n'y a pas de Soi *(nairātmyāstitā)* [40]. »

39. M III (PTS), p. 19 ; S III, p. 103.
40. Abhisamuc., p. 31.

7

« *Méditation* » *ou culture mentale :* Bhāvanā

Le Bouddha dit : « O bhikkhus, il y a deux sortes de maladie. Quelles sont ces deux (sortes de maladie) ? La maladie physique et la maladie mentale. Il semble qu'il y ait des gens qui ont le bonheur d'être exempts de maladie physique pendant un an ou deux... ou même pendant cent ans et plus. Mais, O bhikkhus, rares sont ceux qui, en ce monde, sont exempts, un seul instant, de maladie mentale, à l'exception de ceux qui sont exempts de souillures mentales (c'est-à-dire des *Arahants*) [1]. »

L'enseignement du Bouddha, particulièrement sa voie de « méditation », vise à procurer un état de parfaite santé mentale, d'équilibre et de tranquillité. Il est bien regrettable qu'il n'y ait guère de section de son enseignement qui ait été aussi mal comprise et faussement mise en pratique que la « méditation », tant par les bouddhistes que par les non-bouddhistes. Dès que le mot « méditation » est mentionné, on pense à une évasion des activités quotidiennes de la vie, à l'écart de la société. La véritable « méditation » bouddhique ne signifie nullement ce genre d'évasion. L'enseignement du Bouddha sur ce sujet fut si mal ou si peu compris que la voie de « méditation » dégénéra ultérieurement en une sorte de rituel ou de cérémonial, presque technique dans sa routine [2].

1. A (Colombo, 1929), p. 276.

2. *The Yogāvacara's Manual* (Edit. T. W. Rhys Davids, Londres 1896), un texte sur la méditation écrit à Ceylan probablement vers le XVIIIe siècle, montre que la méditation, à cette époque, avait dégénéré et était réduite à un rituel technique consistant à réciter des formules, à brûler des bougies, etc.

Voir aussi le chapitre XII sur « the Ascetic Ideal » dans *History of Buddhism in Ceylon* par Walpola Rahula, (Colombo, 1956), p. 199 et suiv.

Beaucoup de gens s'intéressent à la méditation ou au *yoga* dans le désir d'acquérir des pouvoirs spirituels ou mystiques, comme le « troisième œil », que les autres ne possèdent pas. Il y a quelque temps, en Inde, il y avait une nonne bouddhiste anglaise qui s'efforçait de développer le pouvoir de voir par les oreilles, alors qu'elle était encore en possession d'une vision oculaire parfaite. Des idées comme celles-ci ne sont que « perversions mentales ». C'est toujours une question de désir, de « soif » de puissance, que ce soit dans les domaines politique, militaire, économique ou spirituel.

Le mot « méditation » rend très mal le sens du terme original *bhāvanā* qui signifie « culture » ou « développement », c'est-à-dire culture mentale, développement mental. La *bhāvanā* bouddhiste est, à proprement parler, une culture mentale dans le vrai sens du terme. Elle vise à débarrasser l'esprit de ses impuretés, de ce qui le trouble, comme les désirs sensuels, la haine, la malveillance, l'indolence, les tracas et agitations, les doutes ; et à cultiver les qualités telles que la concentration, l'attention, l'intelligence, la volonté, l'énergie, la faculté d'analyser, la confiance, la joie, le calme, conduisant finalement à la plus haute sagesse qui voit les choses telles qu'elles sont et qui atteint la Vérité Ultime, le *Nirvāṇa*.

Il y a deux formes de méditation. L'une est le développement de la concentration mentale (*samatha* ou *samādhi*), de la fixation unificatrice de l'esprit (*cittekaggatā*, en Sanskrit *cittaikāgratā*) qui, par des méthodes variées décrites dans les textes, conduit aux plus hauts états mystiques comme « la Sphère du Néant » ou « Sphère de ni-Perception-ni-non-Perception ». Tous ces états mystiques sont, selon le Bouddha, des créations et des productions mentales *(saṃkhata)* [3]. Ceux-ci n'ont rien à voir avec la Réalité, la Vérité, le *Nirvāṇa*. Cette sorte de méditation existait déjà avant lui. Elle n'est donc pas purement bouddhiste, mais elle n'est pas exclue du domaine de la méditation bouddhiste. Elle n'est cependant pas essentielle pour la réalisation du *Nirvāṇa*. Le Bouddha lui-même, avant son Eveil, avait étudié ces exercices yogiques sous la direction de différents instructeurs et

3. Voir plus haut page 42.

il avait atteint les plus hauts états mystiques ; mais ceux-ci ne l'avaient pas satisfait, car ils ne procuraient pas la libération complète, ne donnaient pas la vision de la Réalité Ultime. Il considérait seulement ces états mystiques comme une manière de « demeurer heureux en cette existence » *(diṭṭhadhamma-sukhavihāra)*, et rien de plus [4].

Il découvrit alors l'autre forme de « méditation » connue sous le nom de *vipassanā* (Sanskrit : *vipaśyanā* ou *vidarśanā)*, « vision » dans la nature des choses, qui conduit à la complète libération de l'esprit, à la réalisation de la Vérité Ultime, au *Nirvāṇa*. C'est essentiellement la « méditation », la culture mentale bouddhiste. C'est une méthode analytique basée sur l'attention, la prise de conscience, la vigilance, l'observation.

Il n'est pas possible de traiter convenablement, en quelques pages, un sujet aussi vaste, aussi profond et aussi important. On va cependant tenter d'esquisser brièvement ce qu'est la véritable « méditation » bouddhiste en tant que culture mentale, d'une manière pratique dont le lecteur puisse tirer profit.

Le discours le plus important que le Bouddha a jamais donné sur le développement mental (« méditation ») est intitulé « *Satipaṭṭhāna-sutta* », « l'Établissement de l'Attention » (nº 22 du *Dīgha-nikāya* ou nº 10 du *Majjhima-nikāya*). Ce discours est si hautement vénéré dans la tradition qu'on le récite régulièrement, non seulement dans les monastères, mais aussi dans les foyers bouddhistes, devant la famille assise en cercle et écoutant avec une profonde dévotion. Les bhikkhus récitent très souvent ce *sutta* au chevet d'un mourant afin de purifier ses dernières pensées [5].

Les manières de « méditer » indiquées dans ce discours ne sont pas retranchées de la vie, elles n'évitent pas la vie. Au contraire, elles sont toutes en rapport avec notre vie, avec nos activités quotidiennes, avec nos tristesses et nos joies, avec nos paroles et pensées, avec nos occupations morales et intellectuelles.

Le discours est divisé en quatre sections principales : la

4. Voir *Sallekha-sutta* (nº 8) du M.
5. Une traduction abrégée de ce *sutta* se trouve dans l'appendice, p. 135.

Tant que vous vivrez, vous ne pourrez pas échapper à la vie, quoi que vous fassiez, que vous résidiez dans une ville ou que vous soyez retiré dans une grotte. Vous devez la regarder en face et la vivre. La vie vraie, c'est le moment présent — non pas les souvenirs d'un passé qui est mort et enfui, ni les rêves d'un futur qui n'est pas encore né. Celui qui vit dans le présent se trouve dans la vie réelle et il est le plus heureux.

Quand on lui demanda pourquoi ses disciples, qui menaient une existence simple et calme, prenant un seul repas par jour, étaient si radieux, le Bouddha répondit : « Ils ne se repentent pas du passé, ils ne se préoccupent pas de l'avenir, mais ils vivent dans le présent. C'est pourquoi ils sont radieux. En se préoccupant de l'avenir et en se repentant du passé, les sots se dessèchent comme des roseaux verts coupés (au soleil) [6]. »

Attention ou prise de conscience ne signifie pas que vous devez penser et être conscient : « Je fais ceci » ou « Je fais cela ». Non, c'est justement le contraire. Dès que vous pensez « je fais ceci », vous devenez conscient de vous-même, et alors vous ne vivez pas dans votre acte mais dans l'idée « Je suis ». En conséquence, votre travail est gâché. Vous devez vous oublier complètement et vous perdre dans ce que vous faites. Dès qu'un orateur devient conscient de lui-même et pense « je m'adresse à un auditoire », son discours est troublé et le cours de ses pensées rompu, mais quand il se perd dans son discours, dans son sujet, c'est alors qu'il est le meilleur, il parle bien et s'exprime clairement. Toute grande œuvre — artistique, poétique, intellectuelle ou spirituelle — est accomplie dans le moment où son créateur est complètement absorbé dans son action, où il s'oublie absolument, où il est débarrassé de la conscience de soi.

Cette attention, cette conscience vigilante de nos activités, que le Bouddha enseigna, consiste à vivre dans le présent, dans l'acte même. (C'est aussi la voie du Zen qui est essentiellement fondé sur cet enseignement). Ici, dans cette forme de méditation, vous n'avez rien de particulier à faire pour développer votre attention, vous n'avez qu'à être vigilant et attentif,

6. S. I (PTS), p. 5.

première a trait à notre corps *(kāya)*, la seconde à nos sensations *(vedanā)*, la troisième à notre esprit *(citta)* et la quatrième section à des sujets moraux et intellectuels variés *(dhamma)*.

On doit comprendre clairement que, quelle que soit la forme de « méditation », ce qui est essentiel, c'est l'attention, la prise de conscience *(sati)*, l'observation *(anupassanā)*.

Un des exemples de « méditation » les plus connus, populaires et pratiques, concernant le corps, est « l'attention à la respiration » *(ānāpānasati)*. C'est pour cette méditation seulement qu'une posture particulière et définie est prescrite dans le texte. Pour les autres formes de « méditation », exposées dans ce *sutta*, vous pouvez vous asseoir, vous tenir debout, marcher ou rester étendu, comme il vous conviendra. Mais pour s'exercer à l'attention à la respiration (inspiration et expiration) on devrait, selon le texte, s'asseoir « jambes croisées, tenant le corps droit, l'attention en alerte ». Mais s'asseoir jambes croisées n'est pas pratique ni facile pour les gens de tous les pays, particulièrement pour les Occidentaux. Par conséquent, les personnes pour lesquelles il serait difficile de se tenir dans cette posture, peuvent s'asseoir sur une chaise « tenant le corps droit et l'attention en alerte ». Il est absolument nécessaire, pour pratiquer cet exercice, que le méditant s'assoie bien droit, mais sans raideur ; les mains reposent à l'aise sur les genoux. Assis de cette manière, vous pourrez soit fermer les yeux, soit diriger votre regard vers l'extrémité de votre nez, comme il vous conviendra.

Vous inspirez et vous expirez jour et nuit, mais vous n'en avez pas conscience, vous ne concentrez jamais un seul instant votre esprit sur cet acte. Vous allez, maintenant, faire justement cela. Respirez comme d'habitude, sans aucun effort ni contrainte. Maintenant, que votre esprit se concentre sur l'inspiration et l'expiration ; qu'il les observe ; que votre esprit soit vigilant sur votre inspiration et votre expiration. Votre respiration peut être tantôt longue, tantôt courte. Cela importe peu. Respirez normalement et naturellement. La seule chose importante est que lorsque vous respirez longuement vous soyez conscient que vous respirez longuement ; que lorsque votre respiration est courte, vous en soyez conscient. Autrement dit, votre esprit doit être absolument concentré sur votre respiration de sorte que vous ayez bien conscience de ses mouvements et de ses changements de rythme. Oubliez tout le reste, tout ce qui vous entoure. Ne levez pas les yeux, ne regardez rien. Essayez de faire cela pendant cinq ou dix minutes.

Vous aurez au début, beaucoup de mal à maintenir votre esprit concentré ainsi sur votre respiration. Vous aurez la surprise de constater comment il s'évade. Il ne restera pas fixe. Vous vous mettrez à penser à des choses variées. Vous entendrez les sons du dehors. Votre esprit sera troublé et distrait. Vous en serez découragé et désappointé. Mais si vous persévérez et pratiquez cet exercice, deux fois par jour, matin et soir, pendant cinq ou dix minutes chaque fois, vous parviendrez progressivement à réaliser cette concentration. Au bout d'un certain temps, viendra un instant bref où votre esprit sera fixé sur votre respiration, où vous n'entendrez plus les bruits du voisinage, le monde extérieur n'existant plus pour vous. Ce court moment vous apportera une expérience si grande, si chargée de joie, de bonheur et de calme, que vous aurez le désir de le prolonger. Mais vous ne le pourrez pas encore. Si cependant, vous continuez à pratiquer cet exercice régulièrement, l'expérience pourra se reproduire encore et encore, de plus en plus longue. C'est le moment où vous vous perdrez complètement dans l'attention à votre respiration. Tant que vous resterez conscient de vous-même, vous ne pourrez jamais vous concentrer sur rien.

Cet exercice d'attention à la respiration, qui est un des plus simples et des plus faciles à pratiquer, a pour but de développer un pouvoir de concentration menant à des réalisations hautement mystiques *(dhyāna)*. Le pouvoir de concentration est d'autre part essentiel pour accéder à quelque forme que ce soit de compréhension profonde, de pénétration, de vision dans la nature des choses, y compris la réalisation du *Nirvāṇa*.

En dehors de tout cela, cet exercice sur la respiration, vous apportera des résultats immédiats. Votre santé physique en bénéficiera. Il vous procurera la détente, un sommeil profond et rendra efficace votre travail quotidien. Cela vous rendra calme, paisible, tranquille. Même dans les moments où vous vous sentirez nerveux ou impatient, si vous pratiquez cet exercice seulement deux minutes, vous verrez que vous vous sentirez calmé et apaisé immédiatement. Vous aurez l'impression de sortir d'un bon repos.

Une autre forme de « méditation » (de développement mental) consiste à vous rendre attentif à tout ce que vous faites, actes ou paroles, dans la routine quotidienne de votre travail, dans votre vie privée, publique ou professionnelle. Que vous marchiez, soyez assis, vous teniez debout, soyez couché ou dormiez, que vous détendiez ou fléchissiez les membres, que vous regardiez autour de vous, que vous enfiliez vos vêtements, que vous causiez avec quelqu'un ou restiez silencieux, que vous mangiez ou buviez, que vous accomplissiez même des fonctions naturelles — quoi que vous fassiez, vous devriez être pleinement attentif et conscient de votre acte à l'instant même où il est accompli. Cela veut dire que vous devriez vivre ainsi dans le moment présent, dans l'action présente. Cela ne signifie pas que vous devriez renoncer à penser au passé et à l'avenir. Il vous faut y penser au contraire, mais en relation avec le présent, avec l'action du moment, quand et où cela est à propos.

Les hommes, généralement, ne vivent pas dans leurs actes, dans le présent, mais ils vivent dans le passé ou dans le futur. Bien qu'ils paraissent faire quelque chose ici, à l'instant même, ils sont ailleurs, dans leurs pensées, dans leurs problèmes et préoccupations imaginaires, perdus le plus souvent dans des souvenirs du passé ou entraînés dans des désirs et des spéculations sur l'avenir. Ils ne vivent donc pas dans ce qu'ils font à l'instant même, ils n'en jouissent pas. Aussi sont-ils malheureux, mécontents du présent, de leur travail ; ils sont naturellement incapables de se donner entièrement à ce qu'ils ont l'air d'être occupés à faire.

Vous observez parfois, dans un restaurant, un homme qui lit en mangeant — un spectacle très courant. Il semble très occupé et n'avoir même pas le temps de manger. On pourrait croire qu'il fait les deux à la fois, mais en réalité, il ne fait vraiment ni l'un ni l'autre. Son esprit est tendu, agité, troublé, et il ne jouit nullement de ce qu'il semble faire, il ne vit pas dans le moment présent. Inconsciemment et follement, il essaie au contraire d'échapper à la vie réelle. (Cela ne veut pas dire cependant qu'on ne doit pas parler avec un ami au déjeuner ou au dîner.)

quoi que vous soyez en train de faire. Vous n'avez pas à perdre une seconde de votre temps précieux à cette « méditation » particulière, mais vous devez cultiver l'attention, la prise de conscience, tout le temps, jour et nuit, à l'égard de toutes les activités de votre existence quotidienne. Les deux formes de « méditation » dont nous venons de parler concernent notre corps.

Il y a, maintenant, une manière de pratiquer le développement mental (« méditation ») qui concerne nos émotions ou sensations, que celles-ci soient agréables, désagréables ou neutres. Prenons un exemple : vous éprouvez une sensation douloureuse. Dans cet état, votre esprit est assombri, plongé dans le vague, il n'est pas lucide, il est déprimé. Parfois même vous ne voyez pas clairement pourquoi vous éprouvez cette sensation pénible. Tout d'abord, vous devriez apprendre à ne pas être malheureux à propos de vos sensations désagréables, à ne pas vous tracasser au sujet de vos chagrins. Mais essayez de voir clairement pourquoi il y a cette sensation de tristesse, de tracas et de douleur. Essayez d'examiner comment elle apparaît, quelle est sa cause, comment elle se dissipe et cesse. Tâchez de l'examiner comme si vous l'observiez du dehors, sans réaction subjective, comme un savant observe un objet. Ici encore vous ne devez pas la regarder subjectivement comme « ma sensation », mais seulement comme « une sensation », objectivement. Il vous faut encore oublier cette idée fausse de « je ». Lorsque vous discernez sa nature, comment elle apparaît, comment elle disparaît, votre esprit devient impartial à l'égard de cette sensation, il devient détaché et libre. Il en est de même pour toutes les émotions, toutes les sensations.

Venons-en maintenant à la forme de « méditation » qui concerne votre esprit. Vous devriez avoir pleine conscience du fait, chaque fois que votre esprit est passionné ou détaché, chaque fois qu'il est dominé par la haine, la malveillance, la jalousie, ou au contraire plein d'amour, de compassion, chaque fois qu'il est dans l'illusion ou bien qu'il a une connaissance claire et juste, et ainsi de suite. Nous devons reconnaître que nous sommes très souvent effrayés ou honteux de regarder notre propre esprit. Aussi nous préférons l'éviter. On devrait être assez hardi et assez sincère pour regarder son esprit comme on regarde son visage dans un miroir [7].

Il ne s'agit pas ici d'une attitude critique, de juger et de discerner ce qui est juste et faux ou bien et mal. Il s'agit simplement d'observer, d'être attentif, d'examiner. Ici, vous n'êtes pas un juge, mais un savant qui constate un fait. Lorsque vous observez et discernez clairement la vraie nature de votre esprit, vous devenez impartial vis-à-vis de ses émotions, de ses sentiments, de ses états, vous devenez ainsi détaché et libre et vous pouvez voir alors les choses telles qu'elles sont.

Voici un exemple : supposons que vous soyez en colère, dominé par celle-ci, par la malveillance, par la haine. Il est curieux et paradoxal qu'un homme emporté de cette manière ne soit pas réellement conscient de l'état dans lequel se trouve son esprit. Au moment où il voit sa colère, aussitôt celle-ci devient, diraiton, timide, honteuse et elle commence à tomber. Vous devez examiner sa nature, comment elle apparaît, comment elle disparaît. Il faut, ici encore, se souvenir qu'on ne doit pas penser « je suis en colère » ou « ma colère ». Vous devez seulement être attentif et être conscient de l'état de l'esprit livré à la colère. Vous observerez objectivement, vous examinerez un esprit en colère. Telle est l'attitude qu'il importe de prendre à l'égard de tous sentiments, émotions, états d'esprit.

Il y a enfin une forme de « méditation » qui porte sur les sujets moraux, spirituels et intellectuels. Toutes nos études, nos lectures, nos discussions, toutes nos conversations et nos réflexions sur ces questions, sont incluses dans cette méditation. Lire ce livre-ci et penser profondément aux sujets qui y sont exposés, cela est une forme de méditation. Nous avons vu [8] que la conversation entre Khemaka et le groupe de moines était un genre de méditation qui les conduisit à l'atteinte du *Nirvāṇa*.

Selon cette forme de méditation vous pouvez ainsi étudier, penser et réfléchir sur les Cinq Empêchements *(Nīvaraṇa)* qui sont :

7. M I (PTS), p. 100.
8 Voir plus haut page 92.

1. Les désirs sensuels *(kāmacchanda)* ;
2. La malveillance, la haine ou la colère *(vyāpāda)* ;
3. La torpeur et la langueur *(thīna-middha)* ;
4. L'excitation et le remords *(uddhacca-kukkucca)* ;
5. Les doutes sceptiques *(vicikicchā)*.

Ces cinq éléments sont considérés comme s'opposant à toute compréhension claire, en fait à tout progrès. Quand on est dominé par eux, sans savoir comment s'en débarrasser, on ne peut pas comprendre ce qui est vrai ou faux, bon ou mauvais.

On peut méditer aussi sur les Sept Facteurs d'Eveil *(Bojjhaṅga)* :

1. L'attention *(sati)*, c'est-à-dire être conscient et attentif dans tous les actes, dans tous les mouvements physiques et mentaux, comme nous venons de le dire.

2. L'investigation et la recherche concernant les divers problèmes sur la doctrine *(dhamma-vicaya)*. Sont incluses dans cette rubrique, toutes nos études religieuses, éthiques, philosophiques, toutes nos lectures, recherches, discussions, conversations et même l'assistance à des conférences sur de telles questions doctrinales.

3. L'énergie *(viriya)* de travailler avec détermination jusqu'à ce que le but soit atteint.

4. La joie *(pīti)* : qualité qui s'oppose absolument à une attitude d'esprit pessimiste, sombre ou mélancolique.

5. La détente *(passaddhi)* du corps et de l'esprit : on ne doit pas se raidir ni physiquement ni mentalement.

6. La concentration *(samādhi)* dont nous avons discuté plus haut.

7. L'équanimité *(upekkhā)* c'est-à-dire être capable de faire face, avec calme, sans en être troublé, à toutes les vicissitudes de la vie.

Ce qui est essentiel pour cultiver ces qualités c'est une volonté, une inclination sincères. Les textes décrivent en outre beaucoup d'autres conditions matérielles et spirituelles qui contribuent au développement de chacune de ces qualités.

On peut aussi « méditer » sur des sujets comme les Cinq Agrégats, en réfléchissant sur la question « qu'est-ce qu'un être ? »

ou « qu'appelle-t-on « je » ? » ou bien sur les Quatre Nobles Vérités, comme nous en avons discuté plus haut. L'étude de ces sujets, les recherches qui les concernent, constituent cette quatrième forme de méditation qui conduit à atteindre la Vérité Ultime.

A côté de ceux que nous venons de mentionner, il y a encore beaucoup d'autres sujets de méditation, au nombre de quarante, selon la tradition. Parmi ceux-ci nous devons mentionner les Quatre Etats Sublimes *(Brahma-vihāra)* : 1. étendre amour universel, illimité et bienveillance sur tous les êtres vivants, sans discrimination *(mettā)*, « comme une mère aime son unique enfant » ; 2. la compassion *(karuṇā)* pour tous les êtres qui souffrent, qui sont en difficulté, dans l'affliction ; 3. joie sympathique *(muditā)* pour le succès, le bien-être et le bonheur des autres, et 4. l'équanimité *(upekkhā)* dans toutes les vicissitudes de la vie.

8

La morale bouddhiste et la société

Certains se figurent que le bouddhisme est un système dont l'élévation, la noblesse, la sublimité sont telles que des hommes et des femmes ordinaires n'ont pas la possibilité de le mettre en pratique dans ce monde de labeur quotidien qui est le nôtre. Ils croient qu'il est nécessaire, si on veut être un vrai bouddhiste, de quitter le monde et de se retirer dans un monastère ou en quelque lieu tranquille.

C'est, en vérité, une idée tout à fait fausse, due évidemment au manque de compréhension suffisante de l'enseignement du Bouddha. Les gens s'empressent de former des conclusions hâtives et fausses, soit d'après ce qu'ils ont entendu dire, soit après la lecture négligente d'un livre écrit sur le bouddhisme par un auteur qui, n'ayant pas saisi lui-même le sujet dans tous ses aspects, n'en a présenté qu'une vue fragmentaire et superficielle. L'enseignement du Bouddha n'est pas seulement destiné aux moines qui vivent dans des monastères ; il s'adresse aussi aux hommes et aux femmes ordinaires qui vivent chez eux avec leur famille. Le Noble Sentier Octuple, la règle de vie bouddhiste, s'adresse à tous, sans distinction.

Tout le monde ne peut se faire moine, ni se retirer dans une grotte ou dans la forêt. Si pur, si noble, si élevé que puisse être le bouddhisme, il serait sans portée pour les masses humaines si celles-ci ne pouvaient le suivre dans leur vie quotidienne au sein du monde moderne. Mais si on comprend correctement l'esprit du bouddhisme (et pas seulement la lettre), on pourra certainement le suivre et le mettre en pratique tout en menant la vie d'un homme ordinaire.

Quelques personnes peuvent trouver plus aisé de suivre la voie bouddhiste si elles vivent dans un endroit calme et retiré, à l'écart de la société. Mais d'autres peuvent trouver que ce genre de retraite alourdirait et déprimerait, physiquement et moralement, leur être tout entier ; que par conséquent, ce genre de vie ne serait pas favorable au développement de leur vie spirituelle et intellectuelle.

Une renonciation véritable ne signifie pas qu'on doive s'éloigner physiquement du monde. Sāriputta, le principal disciple du Bouddha, disait qu'un homme pouvait vivre dans la forêt en s'adonnant à des pratiques ascétiques, et rester pourtant plein de pensées impures et de souillures ; qu'un autre pouvait vivre dans un village ou en ville, ne s'adonnant à aucune pratique ascétique et que, cependant, son esprit pouvait rester pur, libre des impuretés et des souillures. Celui des deux, dit Sāriputta, qui mène une vie pure dans un village ou en ville, est bien supérieur et plus grand que celui qui vit dans la forêt, avec des pensées impures [1].

La croyance courante, selon laquelle il faudrait fuir la vie pour suivre l'enseignement du Bouddha, est fausse. C'est une manière inconsciente de s'excuser de ne pas le mettre en pratique. On trouve dans la littérature bouddhiste de nombreuses références à des hommes et à des femmes qui, menant une existence ordinaire, vivant normalement en famille, réussirent à pratiquer ce que le Bouddha enseigna et atteignirent le *Nirvāṇa*. En fait, Vacchagotta l'Errant (que nous avons déjà rencontré au chapitre sur *Anatta*) demanda directement au Bouddha s'il y avait des laïcs, hommes et femmes, qui, menant la vie de famille, réussissaient à suivre son enseignement et atteignaient de hauts états spirituels. Le Bouddha déclara catégoriquement qu'il n'y en avait pas un ou deux, pas cent, pas deux cents ou cinq cents, mais que bien plus nombreux étaient les laïcs, hommes et femmes, qui, menant une vie de famille, suivaient avec succès son enseignement et atteignaient de hauts états spirituels [2].

Il peut convenir et être agréable à certains de mener une vie

1. M I (PTS), pp. 30-31.
2. *Ibid.*, p. 490 et suiv.

de retraite dans un lieu tranquille, loin du bruit et de l'agitation. Mais il est certainement plus louable, et cela demande plus de courage, de pratiquer le bouddhisme en vivant au milieu de ses semblables, les aidant et leur rendant service. Il peut être utile, dans certains cas, qu'un homme vive pour un temps dans une retraite, afin de perfectionner son esprit et son caractère, comme exercice moral et spirituel préliminaire, afin de devenir assez fort pour en sortir ensuite et rendre service aux autres. Mais si un homme passe dans la solitude sa vie entière, seulement préoccupé de son propre bonheur et de son « salut », sans se soucier de ses semblables, cela n'est sûrement pas conforme à l'esprit de l'enseignement du Bouddha qui a pour fondement l'amour, la compassion et le service des autres.

On pourrait demander maintenant : s'il est possible de pratiquer le bouddhisme tout en menant la vie d'un laïc ordinaire, pourquoi le *Sangha*, l'Ordre des moines, a-t-il été fondé par le Bouddha ? L'Ordre des moines fournit l'occasion à ceux qui sont disposés à vouer leur vie, non seulement à leur propre développement spirituel et intellectuel, mais aussi au service des autres. On ne peut pas attendre d'un laïc ordinaire qui a une famille, qu'il consacre tout son temps au service des autres, tandis qu'un moine, sans responsabilités familiales, sans liens mondains, est en état de consacrer sa vie entière « au bien-être de beaucoup, au bonheur de beaucoup », selon le conseil du Bouddha. C'est ainsi qu'au cours de l'histoire, le monastère bouddhiste devint non seulement un centre spirituel, mais aussi un centre d'études et de culture.

Les moines bouddhistes mènent une vie commune au monastère dans les villes et les villages. Dans tous les pays bouddhistes ils observent le célibat, sauf quelques sectes au Japon et au Tibet qui permettent à leurs membres de se marier — coutume qui fut évidemment introduite beaucoup plus tard. Les moines bouddhistes ne sont pas autorisés à avoir des biens personnels sauf le minimum nécessaire, mais ils ont le droit d'user des biens communs offerts par les laïcs comme dons à l'Ordre des moines *(Saṅgha)*. Ainsi de nombreux monastères, particulièrement de vieux monastères célèbres, sont pourvus de terres pour leur entretien. Les moines bouddhistes et les monastères sont entretenus par le public. On leur fournit tout ce qui leur est nécessaire. Dans le passé les moines vivaient habituellement en mendiant leur nourriture de maison en maison. Avec les changements économiques modernes, cette coutume disparaît graduellement, bien qu'il y en ait encore plusieurs milliers qui continuent à observer cette coutume, particulièrement dans les pays *Theravādin* comme Ceylan, la Birmanie, la Thaïlande, le Cambodge, etc. Les devoirs des moines qui vivent dans les villes et les villages sont doubles : premièrement, ils passent une partie de leur temps à étudier et à méditer pour leur propre développement intellectuel et spirituel ; deuxièmement, ils doivent enseigner les enfants qui viennent pour étudier au monastère, s'occuper des besoins religieux des laïcs, entretenir le monastère, prononcer des sermons régulièrement à la congrégation qui s'assemble certains jours, ainsi que donner des conseils et instructions religieux aux individus et aux groupes, régler les cérémonies religieuses, organiser des associations pour le bien-être social, etc. Il y a aussi des moines qui vivent dans les forêts coupés du reste de la société, leur vie étant entièrement consacrée à la méditation dans la solitude [3].

Le *Sigāla-sutta* (Nº 31 du *Dīgha-nikāya)* [4] montre avec quel respect le Bouddha traitait la vie du laïc, sa famille et ses relations sociales.

Un jeune homme du nom de Sigāla avait coutume d'adorer les six directions de l'espace, l'est, le sud, l'ouest, le nord, le nadir et le zénith, obéissant ainsi à la dernière volonté de son père mourant. Le Bouddha dit au jeune homme que dans la « noble discipline » *(ariyassa vinaye)* de son enseignement, les six directions étaient considérées différemment : l'est est les parents ; le sud, les maîtres ; l'ouest, l'épouse et les enfants ;

3. Pour ceux qui désirent en savoir davantage sur ce sujet, il existe un livre intéressant et instructif : *La Vie et l'Organisation des communautés bouddhiques modernes de Ceylan* par André Bareau (Institut Français d'Indologie, Pondichéry, 1957).

Voir aussi les chapitres VIII-XII, *History of Buddhism in Ceylon* de Walpola Rahula (M. D. Gunasena & Cº, Colombo, 1956).

4. Voir la traduction abrégée de ce *sutta* à l'appendice, page 128.

le nord, les amis, les parents, les voisins ; le nadir, les serviteurs, les ouvriers et les employés ; le zénith, les religieux.

« On doit adorer ces six directions », dit le Bouddha. Le mot « adorer » *(namasseyya)*, employé ici, est très significatif, car on adore une chose sacrée et sainte, digne d'être honorée, digne de respect. Ces six groupes familiaux et sociaux, tels qu'ils viennent d'être mentionnés, sont, dans le bouddhisme, considérés comme sacrés, dignes de respect et d'adoration. Mais comment faut-il les « adorer » ? Le Bouddha déclare qu'on ne peut les « adorer » qu'en accomplissant ses devoirs envers eux. Ces devoirs sont énumérés dans le discours à Sigāla :

1. Les parents sont sacrés pour les enfants. Le Bouddha dit ailleurs que les parents sont appelés *Brahma (Brahmāti mātāpitaro)*. Le terme *Brahma* indique, dans la pensée indienne, la conception la plus haute et la plus sacrée et le Bouddha y inclut les parents. C'est ainsi que, de nos jours, dans les bonnes familles bouddhistes, les enfants « adorent » littéralement leurs parents matin et soir. Ils sont tenus de s'acquitter de certains devoirs envers leurs parents : prendre soin d'eux dans leur vieillesse ; faire pour eux ce qui est nécessaire ; maintenir l'honneur de la famille en suivant sa tradition ; sauvegarder le patrimoine gagné par les parents ; accomplir en leur mémoire les rites funèbres après leur mort. Aux parents, de leur côté, incombent certaines responsabilités à l'égard de leurs enfants : ils doivent maintenir ceux-ci hors des voies mauvaises ; les diriger vers des activités bonnes et profitables ; leur assurer une bonne éducation ; les marier dans de bonnes familles et leur transmettre le patrimoine en temps opportun.

2. Relations entre maître et élève. Un élève doit respecter son maître et lui obéir ; subvenir à ses besoins s'il y a lieu ; étudier avec zèle. Le maître, à son tour, doit exercer et former son élève comme il convient ; bien l'instruire ; le présenter à ses amis ; enfin, s'efforcer de lui procurer après ses études, la sécurité d'un emploi.

3. Relations entre mari et femme. L'amour qui doit les unir est considéré comme presque religieux ou sacré. Il est appelé *sadāra-Brahmacariya*, « vie de famille sacrée ». On doit remarquer, ici encore, l'usage qui est fait du terme *Brahma*. Il indique

le très haut respect dans lequel est tenue la relation qui unit les époux. Maris et femmes doivent être fidèles, respectueux et dévoués, et certains devoirs les lient l'un à l'autre : le mari doit toujours honorer sa femme, il ne doit jamais lui manquer de respect ; il doit l'aimer et lui être fidèle ; il doit assurer sa position et son confort ; il doit lui faire plaisir en lui présentant des parures et des bijoux. (Le fait que le Bouddha n'a pas omis de mentionner même les cadeaux que le mari doit faire à sa femme montre combien compréhensifs et sympathiques étaient ses sentiments à l'égard des émotions humaines ordinaires.) L'épouse, de son côté, doit prendre soin des affaires du ménage ; elle doit accueillir les invités, les visiteurs, les amis, les parents et les employés ; elle doit aimer son mari et lui être fidèle ; elle doit sauvegarder ses biens ; elle doit être habile et courageuse dans toutes ses activités.

4. Relations entre amis, parents et voisins. Ils doivent être accueillants et charitables les uns envers les autres ; s'exprimer aimablement et avec courtoisie ; ils doivent travailler mutuellement à leur bien-être ; se traiter de manière égale ; ne pas se quereller ; s'aider dans le besoin et ne pas s'abandonner les uns les autres dans la difficulté.

5. Relations de maître à serviteur. Le maître ou l'employeur a plusieurs obligations envers son serviteur ou son employé : il doit lui assigner un travail qui convienne à son adresse et à ses capacités ; il doit lui payer un salaire convenable ; lui assurer des soins médicaux ; lui accorder, à l'occasion, des dons et des gratifications. En retour, le serviteur ou l'employé doit être diligent et courageux, honnête et obéissant ; ne pas tromper ni voler son maître ; il doit être zélé dans son travail.

6. Relations entre religieux (littéralement reclus et *Brāhmaṇa*) et laïcs. Ces derniers doivent veiller avec bonté et respect aux besoins matériels des religieux. Le religieux doit, avec compassion, communiquer aux laïcs la connaissance et l'instruction, les conduire dans la bonne voie en les éloignant du mal.

Nous voyons donc que la vie du laïc, dans sa famille et dans ses relations sociales, est comprise dans la « noble discipline » et se situe dans le cadre de la vie bouddhiste telle que le Bouddha l'a tracée.

C'est ainsi que nous lisons dans le *Saṃyutta-nikāya*, un des plus anciens textes palis, que Sakka, le roi des dieux *(deva)*, déclare qu'il révère non seulement les moines qui mènent une vie sainte, mais aussi les « disciples laïcs » *(upāsaka)* qui accomplissent des actes méritoires, qui sont vertueux et qui prennent soin de leur famille avec droiture [5].

Si on désire devenir un bouddhiste, il n'y a nulle cérémonie à accomplir, nul baptême à recevoir. (Mais pour devenir un *bhikkhu*, un membre de l'Ordre du *Saṅgha*, on doit suivre un long entraînement disciplinaire et une éducation religieuse). Si on comprend l'enseignement du Bouddha, si on a la conviction que cet enseignement est la voie juste et si on s'efforce de le suivre, alors on est un bouddhiste.

Mais, selon une vieille tradition ininterrompue dans les pays bouddhistes, on est considéré comme bouddhiste quand on a pris le Bouddha, le *Dhamma* (son Enseignement) et le *Saṅgha* (Ordre des moines) — généralement appelés « Triple Joyau » — comme refuges : on s'engage alors à observer le minimum d'obligations morales d'un bouddhiste laïc, qui sont les Cinq Préceptes *(pañca-sīla)*, c'est-à-dire 1. ne pas détruire la vie, 2. ne pas voler, 3. ne pas commettre d'adultère, 4. ne pas mentir, et 5. s'abstenir de boissons enivrantes. Le bouddhiste est agenouillé, les mains jointes en adoration devant une statue du Bouddha ou un *stūpa (dāgäba)*, et il répète ces formules, généralement en pali, après un moine bouddhiste. Aux cérémonies religieuses, la congrégation récite habituellement ces formules après un moine.

Il n'y a pas de rites ou cérémonies extérieurs qu'un bouddhiste soit obligé d'accomplir. Le bouddhisme est une voie de vie, et ce qui est essentiel c'est de suivre le Noble Sentier Octuple. Mais naturellement, il y a dans tous les pays bouddhistes des cérémonies simples et belles. Dans un monastère il y a généralement un *stūpa* ou *dāgäba*, monument en forme de dôme, dans lequel sont conservées les reliques corporelles du Bouddha, un arbre *Bodhi* ou *Bo (ficus religiosa)* en souvenir de l'arbre *Bodhi* à Buddhagayā sous lequel le Bouddha atteignit l'Eveil, et un

5. S. I (PTS), p. 234.

édifice contenant la statue du Bouddha *(paṭimā-ghara)*. Ces trois objets sont vénérés dans l'ordre donné ci-dessus. Les bouddhistes vont généralement au temple aux jours de la pleine lune, la nouvelle lune et le quartier. Ils récitent les Trois Refuges (Bouddha, *Dhamma* et *Sangha*) et les Cinq Préceptes, agenouillés devant l'un de ces trois objets d'adoration. Puis ils allument des lampes, offrent des fleurs et brûlent de l'encens, devant ces objets en récitant les formules et les versets *(gāthā)* qui louent les vertus et qualités du Bouddha, du *Dhamma* et du *Sangha*. On ne doit pas assimiler ces pratiques aux prières des religions théistes ; c'est seulement une façon de rendre hommage à la mémoire du Maître qui a enseigné la Voie. Ensuite ils écoutent un sermon.

Aux jours de la pleine lune et de la nouvelle lune, des milliers de bouddhistes observent les Huit Préceptes *(uposatha-sīla* ou *aṭṭhaṅga-sīla)* — 1. ne pas détruire la vie, 2. ne pas voler, 3. ne pas avoir de relations sexuelles [6], 4. ne pas mentir, 5. ne pas prendre de boissons enivrantes, 6. ne pas prendre de nourriture solide après midi, 7. ne pas utiliser de sièges et lits luxueux et confortables, et 8. ne pas danser, chanter, s'amuser, ne pas user de guirlandes et de parfums. Ils passent généralement toute la journée et la nuit au temple, méditant, écoutant les sermons, lisant des textes religieux et s'entretenant de questions religieuses.

La plus grande de toutes les fêtes bouddhistes a lieu le jour de la pleine lune du mois de mai, qui est connue sous le nom de *Vesak*, pour célébrer la naissance, l'Eveil et le *Parinirvāṇa* (mort) du Bouddha. Ce jour-là les maisons, les temples et les rues sont décorés de drapeaux bouddhistes aux six couleurs, de fleurs et de lampes. Des milliers et des milliers d'hommes, de femmes et d'enfants, vont aux lieux religieux. Des centaines de restaurants gratuits sont organisés par des associations et des groupes pour servir les pèlerins. Un esprit d'amour, de bienveillance,

6. Noter que, parmi les Cinq Préceptes, le troisième est ne pas commettre d'adultère ; mais les relations sexuelles légitimes sont permises. Parmi les Huit Préceptes, le troisième est ne pas avoir de relations sexuelles, même légitimes, c'est-à-dire de s'abstenir complètement de relations sexuelles pendant la période où les Huit Préceptes sont observés.

d'harmonie, de paix et de joie se répand partout parmi le peuple.

Le baptême n'existe pas dans le bouddhisme. Mais quand un enfant est né, les parents l'emmènent au temple pour sa première sortie, le placent au pied de la statue du Bouddha, et les moines le bénissent en récitant des textes sacrés. Même avant la naissance de l'enfant, on invite les moines à bénir la future mère.

Les moines bouddhistes n'officient pas dans les mariages. Le mariage chez les bouddhistes est une cérémonie civile, concernant une affaire sociale. Mais on donne à la cérémonie un caractère religieux en y introduisant des éléments bouddhistes comme de faire réciter des versets sacrés de bénédiction par un groupe de filles ou de garçons. Les moines eux-mêmes n'assistent jamais aux mariages, spécialement dans les pays *Theravadin.* Mais on les invite à la maison pour déjeuner *(dāna)* un ou deux jours avant ou après le mariage ; et à cette occasion un moine prononce un sermon invitant les mariés à mener une vie conjugale heureuse et harmonieuse selon l'enseignement du Bouddha.

Par contre, les moines bouddhistes officient aux cérémonies funèbres et y prononcent un sermon de consolation.

Quand un bouddhiste est malade, on invite très souvent les moines à réciter les *sutta* (discours) de *Paritta* ou *Pirit,* (qui signifie « Protection »). Cette cérémonie, où un groupe de deux moines ou plus récite d'une voix mélodieuse certains *sutta* en pali pour donner la bénédiction aux assistants, est très populaire parmi les bouddhistes. Dans presque tous les temples on accomplit cette cérémonie occasionnellement comme une fête publique pour le bénéfice de tous ; une telle cérémonie peut durer jour et nuit sans interruption pendant un ou deux jours ou même une semaine ou plus.

Il y a d'autres cérémonies et observances traditionnelles. Bien qu'elles ne soient pas essentielles, elles montrent leur valeur dans le fait qu'elles satisfont certaines émotions et besoins religieux de ceux qui sont moins avancés intellectuellement et spirituellement en les aidant graduellement le long du Sentier [7].

7. Voir aussi chapitres XV et XVI, *History of Buddhism in Ceylon* de Walpola Rahula (Colombo, 1956).

Ceux qui s'imaginent que le bouddhisme ne s'intéresse qu'à des idéaux suprêmement élevés, qu'à de hautes pensées morales et philosophiques, ignorant le bien-être social et économique des masses, sont dans l'erreur. Le Bouddha s'intéressait au bonheur de l'humanité. Pour lui il n'y avait pas de bonheur possible hors d'une vie pure fondée sur des principes moraux et spirituels. Mais il savait aussi qu'il était difficile de mener une telle vie si les conditions matérielles et sociales étaient défavorables.

Le bouddhisme ne considère pas le bien-être matériel comme une fin en soi ; c'est seulement un moyen en vue d'un but — un but plus haut et plus noble. Mais c'est un moyen indispensable, indispensable pour atteindre un but plus élevé pour le bonheur de l'homme. Le bouddhisme reconnaît donc qu'un certain minimum de conditions matérielles est favorable au succès spirituel, même lorsqu'il s'agit du moine occupé à la méditation en un lieu retiré [8].

Le Bouddha ne sépare pas la vie du contexte de son arrière-fond social et économique ; il la considère comme un tout, dans tous ses aspects spirituels, sociaux, économiques et politiques. L'enseignement du Bouddha sur les sujets éthiques, spirituels et philosophiques est assez bien connu. Mais on sait peu de choses, particulièrement en Occident, quant à son enseignement touchant les questions sociales, économiques et politiques. Et pourtant, il y a de nombreux discours qui traitent de ces sujets et qu'on rencontre tout au long des anciens textes. Voyons seulement quelques exemples.

Le *Cakkavattisīhanāda-sutta* du *Dīgha-nikāya* (nº 26) affirme clairement que la pauvreté *(dāḷiddiya)* est une cause d'immoralité et de crimes comme vol, tromperie, violence, haine, cruauté, etc. Les rois des temps anciens, comme les gouvernements d'aujourd'hui, s'efforçaient de supprimer le crime au moyen du châtiment. Le *Kūṭadanta-sutta* du même *nikāya* dit combien cela est vain ; il nie que cette méthode puisse jamais être efficace.

8. MA I (PTS), p. 290 et suiv. (Les moines bouddhistes, membres de l'Ordre du *Saṅgha*, ne doivent pas posséder de biens personnels, mais ils ont le droit d'avoir des biens communs *(saṅghika)*.)

Le Bouddha suggère, au contraire, de mettre fin à la criminalité en améliorant la condition économique populaire. Il dit que des semences et autres éléments nécessaires à l'agriculture doivent être fournis aux fermiers et aux cultivateurs ; que des capitaux doivent être mis à la disposition des marchands et autres corporations ; que des salaires adéquats doivent être payés aux employés. Quand on lui aura fourni les moyens de gagner un revenu suffisant, le peuple sera satisfait, il sera à l'abri de la peur et de l'anxiété et, en conséquence, le pays deviendra pacifique et sera débarrassé du crime [9].

C'est pourquoi le Bouddha rappelait aux laïcs combien il était important d'améliorer les conditions économiques. Cela ne voulait pas dire, bien entendu, qu'il approuvât qu'on accumule des richesses avec cupidité et attachement, ce qui est en contradiction avec son enseignement fondamental, ni qu'il approuvât qu'on emploie n'importe quel moyen pour gagner sa vie. Il y a certaines professions comme par exemple la fabrication et le commerce des armes, qu'il condamnait, ainsi que nous l'avons vu plus haut [10], comme moyens d'existence nuisibles.

Un homme appelé Dīghajānu, rendit un jour visite au Bouddha et lui dit : « Seigneur, nous sommes des laïcs ordinaires menant la vie de famille avec femme et enfants. Le Bienheureux pourrait-il nous donner quelque enseignement qui nous conduise vers le bonheur dans ce monde et au-delà ? »

Le Bouddha lui répondit qu'il y avait quatre choses qui conduisent l'homme au bonheur en ce monde : Premièrement : il doit être habile et efficace, consciencieux et énergique dans sa profession quelle qu'elle soit et il doit en avoir une connaissance complète *(uṭṭhāna-sampadā)*. Deuxièmement : il doit garder son gain ainsi obtenu justement à la sueur de son front *(ārakkha-sampadā)* ; (il s'agit de protéger son gain contre les voleurs etc. Toutes ces idées doivent être considérées dans le contexte de l'époque). Troisièmement : il doit avoir de bons amis *(kalyāṇa-mitta)*, fidèles, instruits, vertueux, libéraux et intelligents, qui l'aident à se maintenir dans le droit chemin et à se garder

9. D I (Colombo, 1929), p. 101.
10. Voir ci-dessus, page 70.

du mal. Quatrièmement : il doit dépenser raisonnablement, selon son revenu, ni trop, ni trop peu, c'est-à-dire qu'il ne doit pas accumuler avec avarice, ni se livrer à des extravagances — autrement dit, il doit vivre selon ses moyens *(samajīvikatā)*.

Ensuite, le Bouddha exposa les quatre vertus qui conduisent un laïc au bonheur dans l'au-delà : Premièrement : il doit avoir foi et confiance *(saddhā)* dans les valeurs morales, spirituelles et intellectuelles ; deuxièmement : il doit s'abstenir de détruire la vie ou de lui nuire, du vol, de la tromperie, de l'adultère, du mensonge, des boissons enivrantes *(sīla)* ; troisièmement : il doit pratiquer la charité, la générosité, sans attachement *(cāga)* ; quatrièmement : il doit développer la sagesse *(paññā)* qui conduit à la destruction complète de la souffrance, à l'atteinte du *Nirvāṇa* [11].

Parfois le Bouddha entrait même dans des détails concernant l'épargne et la dépense de l'argent, comme par exemple quand il dit au jeune Sigāla que celui-ci devait dépenser un quart de son revenu pour ses besoins quotidiens, en investir la moitié dans ses affaires et mettre le dernier quart de côté pour l'imprévu [12].

Un jour, le Bouddha dit à Anāthapiṇḍika, le grand banquier, un de ses disciples laïcs les plus dévoués, qui avait fondé pour lui le célèbre monastère Jetavana, à Sāvatthi, qu'un laïc menant la vie de famille ordinaire a quatre formes de bonheur. La première forme de bonheur est de jouir de la sécurité économique ou d'une richesse suffisante obtenue par des moyens justes et honnêtes *(atthi-sukha)* ; la seconde est de dépenser libéralement cette richesse pour lui-même, sa famille, ses amis et ses parents et pour des actes méritoires *(bhoga-sukha)* ; la troisième est d'être libre de dettes *(anaṇa-sukha)* ; la quatrième forme de bonheur est de mener une vie droite, pure, sans faire de mal en pensée, en parole ou en action *(anavajja-sukha)*. Il convient de noter que les trois premières sortes de bonheur sont de nature économique, mais que le Bouddha rappela finalement au banquier que le bonheur matériel et économique « ne vaut pas la

11. A (Colombo, 1929), pp. 786 et suiv.
12. D III (Colombo, 1929), p. 115.

seizième partie » du bonheur spirituel qui est le résultat d'une vie pure et bonne [13].

On voit, par ces exemples, que le Bouddha tenait le bien-être économique pour une condition du bonheur humain, mais qu'il ne reconnaissait pas le progrès comme réel et vrai, si ce progrès était seulement matériel, et privé d'un fondement spirituel et moral. Tandis qu'il encourage le progrès matériel, le bouddhisme insiste fortement sur le développement du caractère moral et spirituel, pour l'établissement d'une société heureuse, pacifique et satisfaite.

Le Bouddha n'enseigna pas seulement la non-violence et la paix ; mais il alla sur le champ de bataille même et intervint en personne pour empêcher une guerre, lors de la dispute entre les Sākya et les Koliya qui étaient prêts à combattre pour régler la question des eaux de la Rohini. Et ses paroles empêchèrent le roi Ajātasattu d'attaquer le royaume des Vajji.

Au temps où le Bouddha vivait il y avait, comme aujourd'hui, des souverains qui gouvernaient injustement leurs États. Ils levaient des impôts excessifs et infligeaient des châtiments cruels. Le peuple était opprimé et exploité, torturé et persécuté. Le Bouddha était profondément ému par ces traitements inhumains. Le *Dhammapadatthakathā* raconte qu'il porta alors son attention sur le problème d'un bon gouvernement. Ses idées doivent être appréciées dans le contexte social, économique et politique de son temps. Il montra comment tout un pays pouvait devenir corrompu, dégénéré et malheureux quand les chefs du gouvernement, c'est-à-dire roi, ministres et fonctionnaires deviennent eux-mêmes corrompus et injustes. Pour qu'un pays soit heureux il doit avoir un gouvernement juste. Les principes de ce gouvernement juste sont exposés par le Bouddha dans son enseignement sur les « Dix Devoirs du Roi » *(Dasa-rāja-dhamma)*, tel qu'il est donné dans les *Jātaka* [14].

Bien entendu, le mot « roi » *(Rāja)* d'autrefois doit être remplacé aujourd'hui par le mot « gouvernement ». Par conséquent, les « Dix Devoirs du Roi » s'appliquent maintenant à tous ceux

13. A (Colombo, 1929), pp. 232-233.
14. *Jātaka* I, 260, 399 ; II, 400 ; III, 274, 320 ; V, 119, 378.

qui participent au gouvernement, chef d'état, ministres, chefs politiques, membres du corps législatif et fonctionnaires d'administration.

Le premier de ces dix devoirs est la libéralité, la générosité, la charité *(dāna)*. Le souverain ne doit pas avoir d'avidité ni d'attachement pour la richesse et la propriété, mais il doit en disposer pour le bien-être du peuple.

2. Un caractère moral élevé *(sīla)*. Il ne doit jamais détruire la vie, tromper, voler ni exploiter les autres, commettre l'adultère, dire des choses fausses, ni prendre des boissons enivrantes. C'est-à-dire qu'il doit au moins observer les Cinq Préceptes du laïc.

3. Sacrifier tout au bien du peuple *(pariccāga)*. Il doit être prêt à sacrifier son confort, son nom et sa renommée, et sa vie même dans l'intérêt du peuple.

4. Honnêteté et intégrité *(ajjava)*. Il doit être libre de peur ou de faveur dans l'exercice de ses devoirs ; il doit être sincère dans ses intentions et ne doit pas tromper le public.

5. Amabilité et affabilité *(maddava)*. Il doit avoir un tempérament doux.

6. Austérité dans les habitudes *(tapa)*. Il doit mener une vie simple et ne doit pas se laisser aller au luxe. Il doit être en possession de soi-même.

7. Absence de haine, mauvais-vouloir, inimitié *(akkodha)*. Il ne doit garder rancune à personne.

8. Non-violence *(avihiṃsā)*, ce qui signifie qu'il doit non seulement ne faire de mal à personne, mais aussi qu'il doit s'efforcer de faire régner la paix en évitant et en empêchant la guerre et toute chose qui impliquent violence et destruction de la vie.

9. Patience, pardon, tolérance, compréhension *(khanti)*. Il doit être capable de supporter les épreuves, les difficultés et les insultes sans s'emporter.

10. Non-opposition, non-obstruction *(avirodha)*. C'est-à-dire qu'il ne doit pas s'opposer à la volonté populaire, ne contrecarrer aucune mesure favorable au bien-être du peuple. En d'autres termes, il doit se tenir en harmonie avec le peuple [15].

15. Il est intéressant de noter ici que les Cinq Principes ou *Pancha-sīla* dans la politique étrangère de l'Inde sont en accord avec les principes

Il est inutile de dire combien serait heureux un pays gouverné par des hommes possédant ces qualités. Et ce n'est cependant pas une Utopie puisqu'il y a eu dans le passé, des rois comme Asoka en Inde qui ont établi leurs royaumes sur le fondement de ces idées.

Le Bouddha dit : « Jamais par la haine la haine n'est apaisée ; mais elle est apaisée par la bienveillance. C'est une vérité éternelle [16]. »

« On devrait vaincre la colère par la bienveillance, la méchanceté par la bonté, l'égoïsme par la charité et le mensonge par la véracité [17]. »

Il ne peut y avoir ni paix ni bonheur pour l'homme tant qu'il désire et a soif de conquérir et de subjuguer son voisin. Comme l'a dit encore le Bouddha : « Le vainqueur provoque la haine, et le vaincu est tombé dans la misère. Celui qui renonce à la victoire et à la défaite est heureux et paisible [18]. » La seule victoire qui amène la paix et le bonheur, c'est la victoire sur soi-même. « On peut conquérir des millions dans la bataille, mais celui qui se conquiert lui-même, lui seul est le plus grand des conquérants [19]. »

C'est une consolation et un espoir, de penser aujourd'hui qu'il y eut au moins un grand souverain, célèbre dans l'histoire, qui eut le courage, la confiance, l'imagination de mettre en pratique cet enseignement de non-violence, de paix et d'amour dans l'administration d'un vaste empire, tant sur le plan intérieur qu'extérieur, Asoka, le grand empereur bouddhiste de l'Inde (IIIe siècle av. J.-C.), « l'aimé des dieux », ainsi qu'il fut nommé.

Il avait d'abord suivi l'exemple de son père (Bindusāra) et de son grand-père (Chandragupta) et voulu poursuivre la

---

bouddhistes qu'Asoka, le grand empereur bouddhiste de l'Inde, appliqua à l'administration de son gouvernement au IIIe siècle av. J. C. L'expression *Pancha-sīla* (Cinq Préceptes ou Vertus), est elle-même un terme bouddhiste.

16. Dhp., I, 5.
17. *Ibid.*, XVII, 3.
18. *Ibid.*, XV, 5.
19. *Ibid.*, VIII, 4.

conquête de la péninsule indienne. Il envahit et conquit Kalinga, l'annexant à son empire. Plusieurs centaines de milliers de personnes furent tuées, blessées, torturées et faites prisonnières au cours de cette guerre. Mais quand, plus tard, il se fit bouddhiste, il changea et fut complètement transformé par l'enseignement du Bouddha. Dans un de ses édits célèbres gravés sur le roc (édit XIII sur roc, ainsi qu'on le désigne maintenant), dont l'original est encore lisible aujourd'hui, l'empereur, faisant allusion à la conquête de Kalinga, exprime publiquement son « repentir » et dit qu'il est « extrêmement douloureux » pour lui de penser à ce carnage. Il déclare qu'il ne tirera jamais plus son épée pour entreprendre une conquête, mais qu'il « souhaite à tous les êtres vivants, non-violence, maîtrise de soi et pratique de la sérénité et de la douceur. Ceci, naturellement, est considéré par l'Aimé des Dieux (Asoka), comme la plus grande conquête, la conquête par la piété *(dhamma-vijaya)*. » Non seulement il renonça à la guerre pour lui-même, mais il exprima son désir : « que mes fils et mes petits-fils ne pensent pas qu'il vaille la peine de faire une nouvelle conquête... qu'ils pensent seulement à cette conquête qui est la conquête par la piété. Cela est bon pour ce monde-ci et pour le monde au-delà. »

C'est le seul exemple, dans toute l'histoire de l'humanité, qu'un conquérant victorieux, au zénith de sa puissance, encore en pleine possession de la force qui lui permettrait de poursuivre ses conquêtes territoriales, renonce pourtant à la guerre et à la violence pour se tourner vers la paix et la non-violence.

C'est une leçon pour notre monde actuel. Le souverain d'un vaste empire renonce publiquement à la guerre et à la violence et se rallie au message de paix et de non-violence. L'histoire ne montre pas qu'il y ait eu un roi voisin pour prendre avantage de la piété d'Asoka et l'attaquer par les armes, ou qu'il se produisit, durant sa vie, une révolte ou rébellion dans son empire. La paix régna, au contraire, sur tout le pays et il semble que des contrées lointaines, hors de son empire, acceptèrent volontiers sa bienveillante direction.

Le bouddhisme vise à créer une société qui renoncerait à la lutte ruineuse pour le pouvoir, où la tranquillité et la paix prévaudraient sur la victoire et la défaite ; où la persécution de l'innocent serait dénoncée avec véhémence ; où l'on aurait plus de respect pour l'homme qui se conquiert lui-même que pour celui qui conquiert des millions d'êtres par la guerre militaire et économique ; où la haine serait vaincue par l'amitié et le mal par la bonté ; où l'inimitié, la jalousie, la malveillance et l'avidité n'empoisonneraient pas l'esprit des hommes ; où la compassion serait le moteur de l'action ; où tous les êtres, y compris la plus humble chose vivante seraient traités avec justice, considération et amour ; où dans la paix, l'amitié et l'harmonie, en un monde où régnerait le contentement matériel, la vie serait dirigée vers le but le plus élevé et le plus noble, l'atteinte de la Vérité Ultime, du *Nirvāṇa*.

Choix de textes
Dhamma-Cakkappavattana-Sutta

La Roue de la Loi

Premier Discours du Bouddha

Ainsi ai-je entendu.

Le Bienheureux se trouvant au Parc des Gazelles à Isipatana [1] près de Bénarès, s'adressa ainsi aux cinq bhikkhus (moines) [2] :

Il est deux extrêmes, ô bhikkhus, qui doivent être évités par un moine. Quels sont-ils ? S'attacher aux plaisirs des sens, ce qui est bas, vulgaire, terrestre, ignoble et engendre de mauvaises conséquences, et s'adonner aux mortifications, ce qui est pénible, ignoble et engendre de mauvaises conséquences. Évitant ces deux extrêmes, ô bhikkhus, le *Tathāgata* [3] a découvert le Chemin du Milieu qui donne la vision, la connaissance, qui conduit à la paix, à la sagesse, à l'éveil et au *Nibbāna*.

Et quel est, ô bhikkhus, ce Chemin du Milieu que le *Tathāgata* a découvert et qui donne la vision, la connaissance et conduit à la paix, à la sagesse, à l'éveil et au *Nibbāna* ? C'est le Noble Sentier Octuple, à savoir : la vue juste, la pensée juste, la parole juste, l'action juste, le moyen d'existence juste, l'effort juste, l'attention juste, la concentration juste.

Ceci, ô bhikkhus, est le Chemin du Milieu que le *Tathāgata* a découvert, qui donne la vision, la connaissance, qui conduit à la paix, à la sagesse, à l'éveil et au *Nibbāna*.

1. Sarnath de l'Inde moderne près de Bénarès.
2. Ses anciens compagnons.
3. Le Bouddha. Voir p. 18, note 3.

Voici, ô bhikkhus, la Noble Vérité sur *dukkha*. La naissance est *dukkha*, la vieillesse est *dukkha*, la maladie est *dukkha*, la mort est *dukkha*, être uni à ce que l'on n'aime pas est *dukkha*, être séparé de ce que l'on aime est *dukkha*, ne pas avoir ce que l'on désire est *dukkha*, en résumé, les cinq agrégats d'attachement sont *dukkha*.

Voici, ô bhikkhus, la Noble Vérité sur la cause de *dukkha*.

C'est cette « soif » (désir, *tanha*) qui produit la re-existence et le re-devenir, qui est liée à une avidité passionnée et qui trouve une nouvelle jouissance tantôt ici, tantôt là, c'est-à-dire la soif des plaisirs des sens, la soif de l'existence et du devenir, et la soif de la non-existence (auto-annihilation).

Voici, ô bhikkhus, la Noble Vérité sur la cessation de *dukkha*.

C'est la cessation complète de cette « soif », la délaisser, y renoncer, s'en libérer, s'en détacher.

Voici, ô bhikkhus, la Noble Vérité sur le Sentier qui conduit à la cessation de *dukkha*.

C'est le Noble Sentier Octuple, à savoir : la vue juste, la pensée juste, la parole juste, l'action juste, le moyen d'existence juste, l'effort juste, l'attention juste, la concentration juste.

...

Avec la compréhension : « Ceci est la Noble Vérité sur *dukkha* », ô bhikkhus, dans les choses qui n'avaient pas été entendues auparavant, s'élevèrent en moi la vision, la connaissance, la sagesse, la science et la lumière.

Avec la compréhension : « Cette Noble Vérité sur *dukkha* doit être comprise »... « Cette Noble Vérité sur *dukkha* a été comprise », ô bhikkhus, dans les choses qui n'avaient pas été entendues auparavant, s'élevèrent en moi la vision, la connaissance, la sagesse, la science et la lumière.

Avec la compréhension : « Ceci est la Noble Vérité sur la cause de *dukkha* »... « Cette Noble Vérité sur la cause de *dukkha* doit être détruite »... « Cette Noble Vérité sur la cause de *dukkha* a été détruite », ô bhikkhus, dans les choses qui n'avaient pas été entendues auparavant, s'élevèrent en moi la vision, la connaissance, la sagesse, la science et la lumière.

Avec la compréhension : « Ceci est la Noble Vérité sur la cessation de *dukkha* »... « Cette Noble Vérité sur la cessation de *dukkha* doit être comprise »... « Cette Noble Vérité sur la cessation de dukkha a été comprise », ô bhikkhus, dans les choses qui n'avaient pas été entendues auparavant, s'élevèrent en moi la vision, la connaissance, la sagesse, la science et la lumière.

Avec la compréhension : « Ceci est la Noble Vérité sur le Chemin qui conduit à la cessation de *dukkha* »... « Cette Noble Vérité sur le Chemin qui conduit à la cessation de *dukkha* doit être développée et pratiquée »... « Cette Noble Vérité sur le Chemin qui conduit à la cessation de *dukkha* a été développée et pratiquée », ô bhikkhus, dans les choses qui n'avaient pas été entendues auparavant, s'élevèrent en moi la vision, la connaissance, la sagesse, la science et la lumière.

O bhikkhus, tant que cette connaissance réelle des Quatre Nobles Vérités sous leurs trois aspects et dans leurs douze modalités [4] n'était pas absolument claire en moi, aussi longtemps que je n'ai pas proclamé à ce monde avec ses dieux, Māra et Brahma, ses troupes d'ascètes et de brahmanes, ses êtres célestes et humains, que j'avais obtenu l'incomparable et suprême connaissance. Mais, bhikkhus, quand cette connaissance réelle des Quatre Nobles Vérités sous leurs trois aspects et dans leurs douze modalités me devint parfaitement claire, alors seulement j'ai proclamé à ce monde avec ses dieux, Māra et Brahma, ses troupes d'ascètes et de brahmanes, ses êtres célestes et humains, que j'avais obtenu l'incomparable et suprême connaissance.

Et la connaissance profonde s'éleva en moi : inébranlable est la libération de mon esprit, ceci est ma dernière naissance et maintenant il n'y aura plus d'autre existence.

Ainsi parla le Bienheureux, et les cinq bhikkhus, contents, louèrent ses paroles.

(*Saṃyutta-nikāya*,
Sacca-saṃyutta, II, 1)

4. La connaissance des Quatre Nobles Vérités *(sacca-ñāṇa)*, la connaissance du fonctionnement de chacune des Quatre Nobles Vérités *(kicca-ñana)*, la connaissance que la fonction de chacune des Quatre Nobles Vérités a été accomplie *(kata-ñana)*. Les douze modalités sont les trois aspects de chacune des Quatre Nobles Vérités.

Metta-Sutta

L'amour universel

Voici ce qui doit être accompli par celui qui est sage, qui recherche le bien et a obtenu la Paix.

Qu'il soit appliqué, droit, parfaitement droit, docile, doux, humble, content, aisément satisfait ; qu'il ne se laisse pas submerger par les affaires du monde, qu'il ne se charge pas du fardeau des richesses, que ses sens soient maîtrisés ; qu'il soit sage, sans orgueil et ne s'attache pas aux familles.

Qu'il ne fasse rien qui soit mesquin et que les sages puissent réprouver.

Que tous les êtres soient heureux.

Qu'ils soient en joie et en sûreté.

Toute chose qui est vivante, faible ou forte, longue, grande ou moyenne, courte ou petite, visible ou invisible, proche ou lointaine, née ou à naître, que tous ces êtres soient heureux.

Que nul ne déçoive un autre ni ne méprise aucun être si peu que ce soit ; que nul, par colère ou par haine, ne souhaite de mal à un autre.

Ainsi qu'une mère au péril de sa vie surveille et protège son unique enfant, ainsi avec un esprit sans limites doit-on chérir toute chose vivante, aimer le monde en son entier, au-dessus, au-dessous et tout autour, sans limitation, avec une bonté bienveillante et infinie.

Étant debout ou marchant, étant assis ou couché, tant que l'on est éveillé on doit cultiver cette pensée. Ceci est appelé la suprême manière de vivre.

Abandonnant les vues fausses, ayant la vision intérieure profonde, vertueux, débarrassé des appétits des sens, celui qui est perfectionné ne connaîtra plus la renaissance.

(*Suttanipāta*, I, 8).

Mangala-Sutta

Les bénédictions

Ainsi ai-je entendu.

Une fois, alors que le Bienheureux demeurait dans le monastère d'Anāthapiṇḍika au Parc Jeta, dans la cité de Sāvatthi, un dieu d'une radieuse beauté apparut vers minuit, s'approcha du Bienheureux et le saluant avec respect, se tint debout à son côté. Alors s'adressant au Bienheureux il dit : « Nombreux sont les dieux et les hommes qui discutent sur les bénédictions qui donnent le bonheur. Pour ceux qui cherchent à connaître les véritables choses bienfaisantes, je vous en prie, veuillez expliquer les bénédictions. »

Et le Bouddha dit ceci :

Ne pas être associé aux fous mais s'associer aux sages, rendre hommage à ceux qui méritent d'être honorés — cela est une grande bénédiction.

Vivre dans un endroit qui procure de nombreux avantages, avoir le bénéfice de mérites accomplis antérieurement, développer convenablement son caractère — cela est une grande bénédiction.

Être instruit en science et en art, être discipliné et cultivé, dire des paroles justes — cela est une grande bénédiction.

Prendre soin de ses parents, bien traiter sa femme et ses enfants, accomplir des actions justes — cela est une grande bénédiction.

Être charitable, se conduire honnêtement, avoir soin de sa

famille, accomplir de bonnes actions — cela est une grande bénédiction.

S'abstenir du mal, renoncer aux intoxicants, être vigilant dans le bien — cela est une grande bénédiction.

Se conduire avec dignité et douceur, être content et reconnaissant, entendre la Loi au juste moment — cela est une grande bénédiction.

Être patient, être courtois, rechercher la compagnie des moines (sages), parler de la Loi au juste moment — cela est une grande bénédiction.

Être restreint, mener une vie pure, avoir la vision intérieure profonde des Nobles Vérités, avoir la compréhension absolue du Nibbāna — cela est une grande bénédiction.

Étant touché par les conditions du monde demeurer avec un esprit inébranlable, être libre de chagrin, d'attachement et de peur — cela est une grande bénédiction.

Ceux qui suivent ces principes, ceux-là ne seront jamais vaincus, mais ils iront toujours vers le bonheur et pour eux cela sera une grande bénédiction.

(*Suttanipāta*, II, 4).

Sigālovāda-Sutta

Le discours à Sigāla sur les devoirs
(Abrégé)

Ainsi ai-je entendu.

A ce moment le Bienheureux demeurait dans le Parc des Bambous à la réserve des écureuils, près de Rājagṛha.

Au même temps le jeune Sigāla, fils d'un riche propriétaire, sortait de bonne heure de Rājagṛha et avec ses vêtements et ses cheveux mouillés il saluait, les mains jointes, les divers quartiers : l'Est, le Sud, l'Ouest, le Nord, le Nadir et le Zénith.

Le Bienheureux ayant revêtu ses robes et pris son bol à aumônes allait alors vers Rājagṛha pour recevoir sa nourriture, il vit le jeune homme faisant ses salutations et lui parla ainsi : « Pourquoi, te levant si tôt, sors-tu de Rājagṛha et, avec les vêtements et les cheveux mouillés rends-tu hommage aux différentes directions ? » — « Seigneur, mon père en mourant m'a dit : « Cher fils, tu dois saluer les directions ». Comme je respecte, je révère et j'honore la volonté de mon père, je viens ici de bonne heure chaque matin et je salue les directions. » — « Ce n'est pas ainsi, jeune homme, que l'on doit saluer les six directions selon la noble discipline. » — « Et comment donc dois-je faire, Seigneur, pour suivre la noble discipline ? Il serait bon que le Bienheureux veuille bien m'exposer la doctrine. » — « Écoute et réfléchis bien, je vais te parler. » — « Qu'il en soit ainsi j'écoute, Seigneur », répondit Sigāla.

Et le Bienheureux parla ainsi :

Autant que les quatre actions avilissantes sont supprimées chez le noble disciple, autant qu'il ne commet aucun mal des quatre sortes, autant qu'il ne dissipe pas ses biens des six façons, celui qui évite ainsi ces quatorze mauvaises choses, embrasse les six directions et s'engage dans le sentier qui mène à la victoire dans les deux mondes, il gagne ce monde et l'autre monde. A la dissolution de son corps, après la mort, il aura une renaissance dans un des mondes célestes heureux.

Quelles sont les quatre actions avilissantes qu'il a supprimées ? La destruction de la vie est une action avilissante, et de même : le vol, les relations sexuelles illégitimes et le mensonge. Telles sont les quatre actions avilissantes qu'il a supprimées.

...

Et quelles sont les quatre façons de ne pas commettre le mal ?

Mené par le désir on commet le mal.

Mené par la colère on commet le mal.

Mené par l'ignorance on commet le mal.

Mené par la peur on commet le mal.

Puisque le noble disciple n'est pas mené par le désir, par la colère, par l'ignorance ou par la peur, il ne commet plus le mal de ces quatre façons.

...

Quelles sont les six manières de dissiper ses biens auxquelles le noble disciple a renoncé ?

S'adonner aux boissons enivrantes qui causent l'affolement et l'inattention ; flâner dans les rues à des heures indues ; fréquenter les spectacles ; s'adonner au jeu qui amène le trouble ; s'associer à mauvaise compagnie ; s'adonner à la paresse ; ces six choses causent la dissipation des biens.

Et voici les six mauvaises conséquences produites pour ceux qui s'adonnent aux boissons enivrantes : elles causent la folie et l'inattention, la perte de la fortune, l'augmentation des disputes, la disposition aux maladies, le gain d'une mauvaise renommée, les scandales honteux, la diminution de l'intelligence.

Et voici les six mauvaises conséquences produites en flânant dans les rues à des heures indues : l'homme reste sans garde et sans protection, sa femme et ses enfants sont de même, sa propriété reste sans protection, il est suspecté si quelque chose de mauvais se produit, il est en butte aux fausses accusations, il rencontre beaucoup d'infortune.

Et voici les six mauvaises conséquences produites pour ceux qui fréquentent les spectacles : Ils vont demandant : où danse-t-on ? où chante-t-on ? où joue-t-on de la musique ? où y a-t-il une comédie ? où y a-t-il un orchestre ? où s'amuse-t-on ?

Et voici les six mauvaises conséquences produites pour les joueurs : s'ils sont gagnants ils suscitent la haine, s'ils sont perdants ils se désespèrent, ils perdent leurs biens, leur parole n'est pas crue, ils sont méprisés par leurs amis et leurs associés, ils ne peuvent se marier, car un joueur n'est pas capable de prendre soin d'une femme.

Il y a six mauvaises conséquences pour celui qui s'associe à mauvaise compagnie : il a comme amis ou compagnons tout joueur, tout glouton, tout ivrogne, tout escroc, tout tricheur, tout bandit.

Il y a six mauvaises conséquences pour celui qui s'adonne à la paresse : il ne travaille pas disant qu'il fait trop froid, qu'il fait trop chaud, qu'il est trop tard, qu'il est trop tôt, qu'il a trop faim, qu'il a trop mangé. Vivant ainsi il laisse beaucoup d'obligations, inaccomplies, beaucoup de profit négligé, il n'obtient rien et ce qui lui appartient disparaît.

...

Il est quatre sortes d'amis qui doivent être considérés comme des ennemis : celui qui profite de son ami, celui qui ne rend service qu'en paroles, celui qui flatte, celui qui cause la ruine.

Il est quatre façons dont celui qui profite de son ami doit être considéré comme agissant en ennemi : il prend sa fortune, il attend beaucoup en échange de peu, il ne fait son devoir que par crainte, il devient ami dans son propre intérêt.

Il est quatre façons dont celui qui ne rend service qu'en paroles doit être considéré comme agissant en ennemi : il s'entretient du passé, il s'entretient du futur, il s'occupe de ce qui est sans profit, s'il faut une aide immédiate il se récuse.

Il est quatre façons dont celui qui flatte doit être considéré comme agissant en ennemi : il approuve les mauvaises actions, il approuve les bonnes actions, il loue son ami quand il est présent, il le dénigre quand il est absent.

Il est quatre façons dont celui qui cause la ruine doit être considéré comme agissant en ennemi : il tient compagnie à celui qui s'enivre, il l'accompagne la nuit, il l'accompagne aux spectacles, il s'associe avec lui au jeu.

...

Il est quatre sortes d'amis qui sont appelés les amis au cœur sincère : celui qui aide, celui qui reste semblable dans la prospérité et dans l'infortune, celui qui donne un bon conseil, celui qui a une sympathie réelle.

Il est quatre façons d'agir en ami au cœur sincère pour celui qui aide : il protège l'étourdi, il protège les biens de son ami, il est un refuge pour lui dans la crainte, s'il est nécessaire il lui offre le double de ce qui lui manque.

Il est quatre façons d'agir en ami au cœur sincère pour celui qui reste semblable dans la prospérité ou dans l'infortune : il dit ses secrets à son ami, il garde les secrets de son ami, dans l'infortune il ne l'abandonne pas, il sacrifie même sa vie au bien de son ami.

Il est quatre façons d'agir en ami au cœur sincère pour celui qui donne un bon conseil : il détourne son ami de mal faire, il l'engage au bien, il lui fait comprendre ce qu'il négligeait d'écouter, il lui indique la voie juste.

Il est quatre façons d'agir en ami au cœur sincère pour celui qui a une sympathie réelle : il ne se réjouit pas de l'infortune de son ami, il se réjouit de sa prospérité, il empêche que l'on médise de lui, il encourage ceux qui le louent.

...

Et voici comment un noble disciple salue les six quartiers. Ces six quartiers doivent représenter : l'Est : les parents ; le Sud : les maîtres (professeurs) ; l'Ouest : la femme (et les enfants); le Nord : les amis et les associés ; le Nadir : les serviteurs ; le Zénith : les religieux.

Il est cinq façons pour un enfant de rendre hommage à ses parents comme l'Est : ayant été soigné par eux, je prendrai soin d'eux, j'accomplirai mes devoirs envers eux, je conserverai la tradition de la famille, j'agirai de façon à protéger ses biens, j'offrirai des aumônes pour mes parents défunts.

Il est cinq façons pour les parents représentés par l'Est

de montrer de la bienveillance envers leurs enfants qui les honorent ainsi : ils les détournent du mal, ils les engagent au bien, ils leur enseignent un art, ils leur choisissent une bonne épouse, ils leur donnent leur héritage au moment convenable.

Telles sont les cinq façons dont les enfants honorent leurs parents et dont les parents prouvent leur bienveillance à leurs enfants. Et de la sorte le quartier de l'Est est protégé et en sûreté.

Il est cinq façons dont un élève doit servir son maître (professeur) comme le Sud : en se levant devant lui, en lui rendant service, en l'écoutant attentivement, en s'occupant personnellement de lui, en étudiant attentivement son enseignement.

Le maître ainsi traité montre à ses élèves sa bienveillance : en leur enseignant la meilleure discipline, en leur donnant la meilleure connaissance, en leur apprenant les arts et les sciences, en les présentant à ses amis et associés, en veillant sur leur sécurité en tout lieu.

Les maîtres bien traités par leurs élèves montrent ainsi leur bienveillance pour eux et de la sorte le quartier du Sud est protégé et en sûreté.

Il est cinq façons dont une épouse comme l'Ouest doit être honorée par son mari : il est courtois avec elle, il ne la méprise pas, il lui est fidèle, il lui reconnaît de l'autorité, il lui offre des ornements.

L'épouse ainsi traitée montre à son mari de la bienveillance ; elle accomplit ses devoirs à la perfection, elle est bonne aux gens du voisinage, elle est fidèle, elle prend soin de ce qu'il apporte, elle est entendue et active dans l'accomplissement de ses devoirs.

Ainsi l'épouse montre sa bienveillance au mari qui prend soin d'elle et de la sorte le quartier de l'Ouest est protégé et en sûreté.

Il est cinq façons de servir ses amis et associés comme le Nord : en étant généreux, avec des paroles courtoises, en rendant service, avec égalité, avec loyauté.

Les amis et associés ainsi traités montrent à leur tour leur bienveillance : en le protégeant quand il est inattentif, en protégeant sa propriété quand il est inattentif, en le protégeant en cas de péril, en ne l'abandonnant pas quand il est en danger, en étant indulgents avec ses enfants.

C'est ainsi que les amis montrent leur bienveillance à celui qui leur marque la sienne et de la sorte le quartier du Nord est protégé et en sûreté.

Il est cinq façons dont un maître doit traiter ses serviteurs et employés comme le Nadir : en leur donnant un travail proportionné à leurs forces, en leur fournissant la nourriture et le salaire, en les soignant s'ils sont malades, en partageant avec eux les mets de choix, en leur donnant de temps à autre des loisirs.

Les serviteurs et employés ainsi traités montrent leur bienveillance à leur maître : en se levant avant lui, en se couchant après lui, en ne prenant que ce qui leur est donné, en accomplissant consciencieusement leur travail, en répandant sa bonne renommée.

Les serviteurs montrent ainsi leur bienveillance au maître qui les traite bien et de la sorte le quartier du Nadir est protégé et en sûreté.

Il est cinq façons dont on doit servir les religieux comme le Zénith : par de bonnes actions, par d'agréables paroles, par d'aimables pensées, en ne leur fermant pas sa porte, en pourvoyant à leurs besoins.

Les religieux ainsi traités montrent leur bienveillance aux laïcs : en les détournant du mal, en les engageant au bien, en les aimant, en leur faisant entendre ce qu'ils ignoraient, en leur expliquant ce qu'ils ont déjà entendu, en leur indiquant le chemin vers les destinées supérieures.

Les religieux montrent ainsi leur bienveillance au laïc qui les traite bien et de la sorte le quartier du Zénith est protégé et en sûreté.

...

Celui qui est sage et vertueux, doux et doué de compréhension, humble et docile, celui-là atteindra la gloire.

Celui qui est énergique, actif, inébranlé par l'infortune, de manières irréprochables, intelligent, celui-là atteindra la gloire.

Celui qui est hospitalier, qui se fait des amis, qui est libéral et sans égoïsme, qui est un guide, un instructeur, un conciliateur, celui-là atteindra la gloire.

La générosité, les aimables paroles, le service rendu aux autres, l'égalité envers tous et à tous moments, sont les qualités indispensables dans le monde, comme la cheville du moyeu qui fait marcher la roue...

Et le Bienheureux ayant ainsi parlé, Sigāla s'écria : « Cela est bien, Seigneur, cela est excellent, Seigneur. C'est comme si ce qui a été renversé est redressé ou ce qui a été caché est révélé, comme le bon chemin indiqué à celui qui était perdu, ou une lampe apportée dans l'obscurité pour que ceux qui ont des yeux puissent voir. Ainsi a été exposée la Doctrine par le Bienheureux. Et moi aussi, Seigneur, je prends comme refuge le Bouddha, la Doctrine et la Communauté. Veuille le Bienheureux m'accepter comme un disciple laïc qui le suit, depuis ce jour jusqu'à la fin de ma vie. »

(*Dīgha Nikāya*, XXXI).

Satipaṭṭhāna-Sutta

Établissement de l'Attention
(Abrégé)

Ainsi ai-je entendu :

Une fois, le Bhagavat résidait au pays des Kurūs, dans un bourg nommé Kammāssadhamma. Là, le Bhagavat appela les moines « Moines ! » — « Seigneur ! » répondirent ces moines au Bhagavat.

Le Bhagavat parla ainsi :

Il n'y a qu'un seul sentier, O moines, conduisant à la purification des êtres, à la conquête des douleurs et des peines, à la destruction des souffrances physiques et morales, à l'acquisition de la conduite droite, à la réalisation du *Nibbāna*, ce sont les quatre sortes d'Établissement de l'Attention.

Quelles sont ces quatre sortes ?

Voici, O moines, un moine observant le corps, demeure énergique, compréhensif, attentif, ayant rejeté les désirs et les soucis mondains ; observant les sensations... ; observant l'esprit... ; observant les sujets différents, il demeure énergique, compréhensif, attentif, ayant rejeté les désirs et les soucis mondains.

I

Et comment, O moines, un moine demeure-t-il, observant le corps ?

Voici, O moines, un moine étant allé dans la forêt, ou au pied d'un arbre, ou dans une maison isolée, s'assied, les jambes croisées, le corps droit, son attention fixée devant lui. Attentivement il aspire, attentivement il expire. Aspirant lentement il sait : « Lentement j'aspire ». Expirant lentement, il sait : « Lentement j'expire ». Aspirant rapidement il sait : « Rapidement j'aspire ». Expirant rapidement, il sait : « Rapidement j'expire ». « Ressentant tout le corps, j'aspire », ainsi s'entraîne-t-il. « Ressentant tout le corps, j'expire », ainsi s'entraîne-t-il. « Calmant les activités du corps, j'aspire », ainsi s'entraîne-t-il. « Calmant les activités du corps, j'expire », ainsi s'entraîne-t-il.

De même, O moines, qu'un habile tourneur ou un apprenti tourneur, tournant lentement, sait : « Lentement je tourne » ; tournant rapidement, il sait : « Rapidement je tourne ». De même, O moines, un moine aspirant lentement sait : « Lentement j'aspire » ; expirant lentement, il sait : « Lentement j'expire »... *(Comme ci-dessus)* « Calmant les activités du corps, j'expire », ainsi s'entraîne-t-il.

Ainsi il demeure, observant le corps intérieurement ; il demeure observant le corps extérieurement ; il demeure observant le corps intérieurement et extérieurement. Il demeure observant l'apparition du corps ; il demeure observant la disparition du corps ; il demeure observant l'apparition et la disparition du corps. « Voilà le corps » ; cette introspection est présente à lui, seulement pour la connaissance, seulement pour la réflexion, et il demeure libéré et ne s'attache à rien dans le monde.

C'est ainsi, aussi, O moines, qu'un moine demeure observant le corps.

Et de plus, O moines, un moine, allant, sait : « Je vais » ; étant debout, il sait : « Je suis debout » ; étant assis, il sait : « Je suis assis » ; étant couché, il sait : « Je suis couché » ; le corps étant dans telle ou telle position, il le sait être dans telle ou telle position.

Ainsi il demeure, observant le corps intérieurement, il demeure observant le corps extérieurement... *(comme ci-dessus)*.

C'est ainsi, aussi, O moines, qu'un moine demeure, observant le corps.

Et de plus, O moines, un moine, allant ou revenant, en est parfaitement conscient ; regardant devant ou autour de lui, il en est parfaitement conscient ; étendant ou repliant ses membres, il en est parfaitement conscient ; portant le bol et les robes monastiques, il en est parfaitement conscient ; mangeant, buvant, mastiquant, goûtant, il en est parfaitement conscient ; déféquant, urinant, il en est parfaitement conscient ; marchant, étant debout, s'asseyant, s'endormant, s'éveillant, parlant, se taisant, il en est parfaitement conscient.

Ainsi il demeure observant le corps intérieurement, il demeure observant le corps extérieurement...

C'est ainsi, aussi, O moines, qu'un moine demeure observant le corps.

Et de plus, O moines, un moine observe ce corps de la plante des pieds au sommet de la tête, recouvert de peau et rempli d'impuretés diverses : « Il y a dans ce corps : cheveux, poils, ongles, dents, peau, chair, tendons, os, moelles, reins, cœur, foie, plèvre, rate, poumons, intestins, mésentère, estomac, excréments, bile, phlegme, pus, sang, sueur, graisse, larmes, suint, salive, mucus, synovie, urine. »

De même, O moines, que s'il y avait un sac à deux ouvertures rempli de graines diverses, telles que : riz, riz brut, pois chiches, haricots, sésame, riz perlé, alors un homme qui voit bien l'ayant ouvert, examinerait : « Ceci est du riz, ceci du riz brut, ceci des pois chiches, ceci des haricots, ceci du sésame, ceci du riz perlé » ; de même O moines, un moine observe ce corps, de la plante des pieds au sommet de la tête, recouvert de peau et rempli d'impuretés diverses : il y a dans ce corps : cheveux, poils, ongles... graisse, larmes, suint, salive, mucus, synovie, urine.

Ainsi il demeure observant le corps.....

C'est ainsi, aussi, O moines, qu'un moine demeure observant le corps.

Et de plus, O moines, un moine examine le corps, tel qu'il est placé par éléments : « Il y a dans ce corps l'élément terre, l'élément eau, l'élément feu, l'élément air. »

De même, O moines, qu'un habile boucher, ou un apprenti boucher, ayant tué une vache va s'asseoir à un carrefour, l'ayant débitée en morceaux, de même, O moines, un moine examine ce corps tel qu'il est placé par éléments : « Il y a dans ce corps l'élément terre, l'élément eau, l'élément feu, l'élément air ».

Ainsi il demeure observant le corps intérieurement, il demeure observant le corps extérieurement.....

C'est ainsi, aussi, O moines, qu'un moine demeure observant le corps.

Et de plus, O moines, quand un moine voit un corps jeté sur un charnier, mort depuis un jour, deux jours, trois jours, gonflé, bleui, putréfié, il réfléchit à son propre corps : « Ce corps a la même nature, il deviendra de même, il ne peut l'éviter ».

Ainsi il demeure observant le corps intérieurement ; il demeure observant le corps extérieurement...

C'est ainsi, aussi, O moines, qu'un moine demeure observant le corps.

Et de plus, O moines, quand un moine voit un corps jeté sur un charnier, déchiqueté par les corbeaux, les vautours, rongé par toutes sortes de vers, il réfléchit à son propre corps : « Ce corps a la même nature, il deviendra de même, il ne peut l'éviter ».

Ainsi il demeure observant le corps intérieurement ; il demeure observant le corps extérieurement...

C'est ainsi, aussi, O moines, qu'un moine demeure observant le corps.

Et de plus, O moines, quand un moine voit un corps jeté sur un charnier, charpente d'ossements liés par les tendons, ayant encore lambeaux de chair et taches de sang, il réfléchit à son propre corps : « Ce corps a la même nature, il deviendra de même, il ne peut l'éviter ».

Ainsi, il demeure observant le corps intérieurement ; il demeure observant le corps extérieurement.....

C'est ainsi, aussi, O moines, qu'un moine demeure observant le corps.

Et de plus, O moines, quand un moine voit un corps jeté sur un charnier, charpente d'ossements liés par les tendons, sans plus de chair, mais taché de sang, il réfléchit à son propre corps : « Ce corps a la même nature, il deviendra de même, il ne peut l'éviter ».

Ainsi, il demeure observant le corps intérieurement ; il demeure observant le corps extérieurement...

C'est ainsi, aussi, O moines, qu'un moine demeure observant le corps.

Et de plus, O moines, quand un moine voit un corps jeté sur un charnier, charpente d'ossements liés par les tendons, sans plus de chair, ni taches de sang, il réfléchit à son propre corps : « Ce corps a la même nature, il deviendra de même, il ne peut l'éviter ».

Ainsi il demeure observant le corps intérieurement ; il demeure observant le corps extérieurement...

C'est ainsi, aussi, O moines, qu'un moine demeure observant le corps.

Et de plus, O moines, quand un moine voit un corps jeté sur un charnier, les ossements déliés des tendons, dispersés çà et là, ici un os des mains, et là un os des pieds ; ici un tibia et là un fémur ; ici un bassin, et là des vertèbres ; ici le crâne ; il réfléchit à son propre corps : « Ce corps a la même nature, il deviendra de même, il ne peut l'éviter ».

Ainsi, il demeure observant le corps intérieurement ; il demeure observant le corps extérieurement...

C'est ainsi, aussi, O moines, qu'un moine demeure observant le corps.

Et de plus, O moines, quand un moine voit un corps jeté sur un charnier, les ossements blanchis comme des coquillages, il réfléchit à son propre corps : « Ce corps a la même nature, il deviendra de même, il ne peut l'éviter ».

Ainsi, il demeure observant le corps intérieurement ; il demeure observant le corps extérieurement.....

C'est ainsi, aussi, O moines, qu'un moine demeure observant le corps.

Et de plus, O moines, quand un moine voit un corps jeté sur un charnier, les ossements entassés après un an passé, il réfléchit à son propre corps : « Ce corps a la même nature, il deviendra de même, il ne peut l'éviter ».

Ainsi il demeure observant le corps intérieurement ; il demeure observant le corps extérieurement...

C'est ainsi, aussi, O moines, qu'un moine demeure observant le corps.

Et de plus, O moines, quand un moine voit un corps jeté sur un charnier, les ossements pourris et devenus poussière, il réfléchit à son propre corps : « Ce corps a la même nature, il deviendra de même, il ne peut l'éviter ».

Ainsi il demeure observant le corps intérieurement ; il demeure observant le corps extérieurement, il demeure observant le corps intérieurement et extérieurement. Il demeure observant l'apparition du corps ; il demeure observant la disparition du corps ; il demeure observant l'apparition et la disparition du corps. « Voilà le corps » : cette introspection est présente à lui, seulement pour la connaissance, seulement pour la réflexion, et il demeure libéré et ne s'attache à rien dans le monde.

C'est ainsi, O moines, qu'un moine demeure observant le corps.

II

Et comment, O moines, un moine demeure-t-il observant les sensations ?

Voici, O moines, un moine ressentant une sensation agréable sait : « Je ressens une sensation agréable » ; ressentant une sensation désagréable, il sait : « Je ressens une sensation désagréable » ; ressentant une sensation ni agréable ni désagréable, il sait : « Je ressens une sensation ni agréable, ni désagréable ». Ressentant une sensation charnelle agréable, il sait : « Je ressens une sensation charnelle agréable » ; ressentant une sensation spirituelle agréable, il sait : « Je ressens une sensation spirituelle agréable, ressentant une sensation charnelle désagréable, il sait : « Je ressens une sensation charnelle désagréable » ; ressentant une sensation spirituelle désagréable, il sait : « Je ressens une sensation spirituelle désagréable » ; ressentant une sensation charnelle ni agréable ni désagréable, il sait « : Je ressens une sensation charnelle ni agréable, ni désagréable » ; ressentant une sensation spirituelle ni agréable, ni désagréable, il sait : « Je ressens une sensation spirituelle ni agréable, ni désagréable ».

Ainsi il demeure observant les sensations intérieurement ; il demeure observant les sensations extérieurement ; il demeure observant les sensations intérieurement et extérieurement. Il demeure observant l'apparition des sensations ; il demeure observant la disparition des sensations ; il demeure observant l'apparition et la disparition des sensations : « Voilà les sensations » ; cette introspection est présente à lui, seulement pour la connaissance, seulement pour la réflexion, et il demeure libéré et ne s'attache à rien dans le monde.

C'est ainsi, O moines, qu'un moine demeure observant les sensations.

III

Et comment, O moines, un moine demeure-t-il observant l'esprit ?

Voici, O moines, un moine ayant un esprit passionné sait : « Ceci est un esprit passionné » ; ayant un esprit libre de passion, il sait : « Ceci est un esprit libre de passion » ; ayant un esprit haineux, il sait : « Ceci est un esprit haineux » ; ayant un esprit libre de haine, il sait : « Ceci est un esprit libre de haine » ; ayant un esprit égaré, il sait : « Ceci est un esprit égaré » ; ayant un esprit libre d'égarement, il sait : « Ceci est un esprit libre d'égarement » ; ayant un esprit recueilli, il sait : « Ceci est un esprit recueilli » ; ayant un esprit distrait, il sait : « Ceci est un esprit distrait » ; ayant un esprit grand, il sait : « Ceci est un esprit grand » ; ayant un esprit sans grandeur, il sait : « Ceci est un esprit sans grandeur » ; ayant un esprit inférieur, il sait : « Ceci est un esprit inférieur » ; ayant un esprit supérieur, il sait : « Ceci est un esprit supérieur » ; ayant un esprit concentré, il sait : « Ceci est un esprit concentré » ; ayant un esprit non concentré, il sait : « Ceci est un esprit non concentré » ; ayant un esprit libéré, il sait : « Ceci est un esprit libéré » ; ayant un esprit non libéré, il sait : « Ceci est un esprit non libéré ».

Ainsi il demeure observant l'esprit intérieurement ; il demeure observant l'esprit extérieurement ; il demeure observant l'esprit intérieurement et extérieurement. Il demeure observant l'apparition de l'esprit, il demeure observant la disparition de l'esprit ; il demeure observant l'apparition et la disparition de l'esprit. « Voilà l'esprit » : cette introspection est présente à lui, seulement pour la connaissance, seulement pour la réflexion et il demeure libéré et ne s'attache à rien dans le monde.

C'est ainsi, O moines, qu'un moine demeure observant l'esprit.

IV

Et comment, O moines, un moine demeure-t-il observant les sujets différents ?

Voici, O moines, un moine demeure observant les Cinq Empêchements.

Et comment, O moines, un moine demeure-t-il observant les Cinq Empêchements ?

Voici, O moines, un moine, quand le désir sensuel est en lui, il sait : « En moi est le désir sensuel » ; quand le désir sensuel n'est pas en lui, il sait : « En moi n'est pas le désir sensuel » ; il sait comment le désir sensuel non apparu, apparaît. Il sait comment le désir sensuel apparu, est déraciné. Il sait comment le désir sensuel déraciné ne surgira plus.

Quand la méchanceté est en lui, il sait : « En moi est la méchanceté ». Quand la méchanceté n'est pas en lui, il sait : « En moi n'est pas la méchanceté ». Il sait comment la méchanceté non apparue, apparaît. Il sait comment la méchanceté apparue est déracinée. Il sait comment la méchanceté déracinée ne surgira plus.

Quand l'inertie et la torpeur sont en lui, il sait : « En moi sont l'inertie et la torpeur ». Quand l'inertie et la torpeur ne sont pas en lui, il sait : « En moi ne sont pas l'inertie et la torpeur ». Il sait comment l'inertie et la torpeur non apparues, apparaissent. Il sait comment l'inertie et la torpeur apparues sont déracinées. Il sait comment l'inertie et la torpeur déracinées ne surgiront plus.

Quand l'agitation et le remords sont en lui, il sait : « En moi sont l'agitation et le remords ». Quand l'agitation et le remords ne sont pas en lui, il sait : « En moi, ne sont pas l'agitation et le remords ». Il sait comment l'agitation et le remords non apparus, apparaissent ; il sait comment l'agitation et le remords apparus sont déracinés ; il sait comment l'agitation et le remords déracinés ne surgiront plus.

Quand le doute est en lui, il sait : « En moi est le doute ». Quand le doute n'est pas en lui, il sait : « En moi n'est pas le doute ». Il sait comment le doute non apparu, apparaît ; il sait comment le doute apparu est déraciné ; il sait comment le doute déraciné ne surgira plus.

Ainsi il demeure observant les sujets différents intérieurement ; il demeure observant les sujets différents extérieurement ; il demeure observant les sujets différents intérieurement et extérieurement. Il demeure observant l'apparition des sujets différents ; il demeure observant la disparition des sujets différents. Il demeure observant l'apparition et la disparition des sujets différents. « Voilà les sujets différents » ; cette introspection est présente à lui, seulement pour la connaissance, seulement pour la réflexion, et il demeure libéré et ne s'attache à rien dans le monde.

C'est ainsi, O moines, qu'un moine demeure observant les Cinq Empêchements.

Et de plus, O moines, un moine demeure observant les Cinq Agrégats.

Et comment, O moines, un moine demeure-t-il observant les Cinq Agrégats ?

Voici, O moines, un moine se dit : « Ainsi est la matière, ainsi est l'apparition de la matière, ainsi est la disparition de la matière ».

« Ainsi sont les sensations, ainsi est l'apparition des sensations, ainsi est la disparition des sensations ».

« Ainsi sont les perceptions, ainsi est l'apparition des perceptions, ainsi est la disparition des perceptions. »

« Ainsi sont les formations mentales, ainsi est l'apparition des formations mentales, ainsi est la disparition des formations mentales. »

« Ainsi est la conscience, ainsi est l'apparition de la conscience, ainsi est la disparition de la conscience. »

Ainsi il demeure observant les sujets différents intérieurement ; il demeure observant les sujets différents extérieurement ; il demeure observant les sujets différents intérieurement et extérieurement. Il demeure observant l'apparition des sujets différents ; il demeure observant la disparition des sujets différents ; il demeure observant l'apparition et la disparition des sujets différents. « Voilà les sujets différents » : cette introspection est présente à lui, seulement pour la connaissance, seulement pour la réflexion, et il demeure libéré et ne s'attache à rien dans le monde.

C'est ainsi, O moines, qu'un moine demeure observant les Cinq Agrégats.

Et de plus, O moines, un moine demeure observant les six sphères intérieures et extérieures (des sens).

Et Comment, O moines, un moine demeure-t-il observant les six sphères intérieures et extérieures (des sens) ?

Voici, O moines, un moine connaît l'œil, il connaît les formes, et il connaît le lien qui naît à cause d'eux. Il sait comment ce lien non apparu, apparaît ; il sait comment ce lien apparu est brisé ; il sait comment ce lien brisé à l'avenir n'apparaîtra plus.

Il connaît l'oreille, il connaît les sons, et il connaît le lien qui naît à cause d'eux. Il sait comment ce lien non apparu, apparaît ; il sait comment ce lien apparu est brisé ; il sait comment ce lien brisé, à l'avenir n'apparaîtra plus.

Il connaît le nez, il connaît les odeurs et il connaît le lien qui naît à cause d'eux. Il sait comment ce lien non apparu apparaît ; il sait comment ce lien apparu est brisé ; il sait comment ce lien brisé à l'avenir n'apparaîtra plus.

Il connaît la langue, il connaît les saveurs, et il connaît le lien qui naît à cause d'elles. Il sait comment ce lien non apparu apparaît ; il sait comment ce lien apparu est brisé ; il sait comment ce lien brisé à l'avenir n'apparaîtra plus.

Il connaît le corps, il connaît les tangibles, et il connaît le lien qui naît à cause d'eux. Il sait comment ce lien non apparu apparaît ; il sait comment ce lien apparu est brisé ; il sait comment ce lien brisé à l'avenir n'apparaîtra plus.

Il connaît le mental, il connaît les objets mentaux, et il connaît le lien qui naît à cause d'eux. Il sait comment ce lien non apparu apparaît ; il sait comment ce lien apparu est brisé ; il sait comment ce lien brisé à l'avenir n'apparaîtra plus.

Ainsi il demeure observant les sujets différents intérieurement ; il demeure observant les sujets différents extérieurement..., et il demeure libéré et ne s'attache à rien dans le monde.

C'est ainsi, O moines, qu'un moine demeure observant les six sphères intérieures et extérieures (des sens).

Et de plus, O moines, un moine demeure observant les sept Facteurs d'Eveil.

Et comment, O moines, un moine demeure-t-il observant les sept Facteurs d'Eveil ?

Voici, O moines, un moine ; si le Facteur d'Eveil de l'Attention est en lui, il sait : « En moi est le Facteur d'Eveil de l'Attention » ; si le Facteur d'Eveil de l'Attention n'est pas en lui, il sait : « En moi n'est pas le Facteur d'Eveil de l'Attention » ; il sait quand le Facteur d'Eveil de l'Attention non apparu apparaît ; il sait quand le Facteur d'Eveil apparu s'épanouit pleinement.

Si le Facteur d'Eveil de l'Examen de la Loi est en lui, il sait : « En moi est le Facteur d'Eveil de l'Examen de la Loi » ; si le Facteur d'Eveil de l'Examen de la loi n'est pas en lui, il sait : « En moi n'est pas le Facteur d'Eveil de l'Examen de la Loi ». Il sait quand le Facteur d'Eveil de l'Examen de la Loi non apparu apparaît ; il sait quand le Facteur d'Eveil de l'Examen de la Loi, apparu, s'épanouit pleinement.

Si le Facteur d'Eveil de l'Energie est en lui, il sait : « En moi est le Facteur d'Eveil de l'Energie » ; si le Facteur d'Eveil de l'Energie n'est pas en lui, il sait : « En moi n'est pas le Facteur d'Eveil de l'Energie ». Il sait quand le Facteur d'Eveil de l'Energie non apparu apparaît ; il sait quand le Facteur d'Eveil de l'Energie apparu s'épanouit pleinement.

Si le Facteur d'Eveil de la Joie est en lui, il sait : « En moi est le Facteur d'Eveil de la Joie » ; si le Facteur d'Eveil de la Joie n'est pas en lui, il sait : « En moi n'est pas le Facteur d'Eveil de la Joie ». Il sait quand le Facteur d'Eveil de la Joie non apparu, apparaît ; il sait quand le Facteur d'Eveil de la Joie, apparu, s'épanouit pleinement.

Si le Facteur d'Eveil de la Tranquillité est en lui, il sait : « En moi est le Facteur d'Eveil de la Tranquillité » : si le Facteur d'Eveil de la Tranquillité n'est pas en lui, il sait : « En moi n'est pas le Facteur d'Eveil de la Tranquillité ». Il sait quand le Facteur d'Eveil de la Tranquillité non apparu, apparaît ; il sait quand le Facteur d'Eveil de la Tranquillité, apparu, s'épanouit pleinement.

Si le Facteur d'Eveil de la Concentration est en lui, il sait : « En moi est le Facteur d'Eveil de la Concentration » ; si le

Facteur d'Eveil de la Concentration n'est pas en lui, il sait : « En moi n'est pas le Facteur d'Eveil de la Concentration ». Il sait quand le Facteur d'Eveil de la Concentration non apparu, apparaît ; il sait quand le Facteur d'Eveil de la Concentration, apparu, s'épanouit pleinement.

Si le Facteur d'Eveil de l'Equanimité est en lui, il sait : « En moi est le Facteur d'Eveil de l'Equanimité » ; si le Facteur d'Eveil de l'Equanimité n'est pas en lui, il sait : « En moi n'est pas le Facteur d'Eveil de l'Equanimité ». Il sait quand le Facteur d'Eveil de l'Equanimité non apparu, apparaît ; il sait quand le Facteur d'Eveil de l'Equanimité, apparu, s'épanouit pleinement.

Ainsi il demeure observant les sujets différents intérieurement ; il demeure observant les sujets différents extérieurement... il demeure libéré et ne s'attache à rien dans le monde.

C'est ainsi, O moines, qu'un moine demeure observant les sept Facteurs d'Eveil.

Et de plus, O moines, un moine demeure observant les Quatre Nobles Vérités.

Et comment O moines, un moine demeure-t-il observant les Quatre Nobles Vérités ?

Voici, O moines, un moine comprend exactement : « Ceci est la souffrance » ; il comprend exactement : « Ceci est l'origine de la souffrance » ; il comprend exactement : « Ceci est la cessation de la souffrance » ; il comprend exactement : « Ceci est le sentier qui mène à la cessation de la souffrance ».

Ainsi il demeure observant les sujets différents intérieurement ; il demeure observant les sujets différents extérieurement... Il demeure libéré et ne s'attache à rien dans le monde.

C'est ainsi, O moines, qu'un moine demeure observant les Quatre Nobles Vérités.

Alors, O moines, celui qui pratiquerait ainsi ces quatre Etablissements de l'attention pendant sept ans pourrait en récolter l'un de ces deux fruits : l'Etat d'Arahant (libération complète) dans cette vie, ou, s'il y a un reste d'attachement, l'Etat de non retour.

Mais laissons, O moines, ces sept ans.

Celui qui pratiquerait ainsi ces quatre Etablissements de l'Attention pendant six ans, cinq ans, quatre ans, trois ans, deux ans, un an, pourrait en récolter l'un de ces deux fruits : l'Etat d'Arahant dans cette vie, ou, s'il y a un reste d'attachement, l'Etat de non retour.

Mais laissons, O moines, cette année.

Celui qui pratiquerait ainsi ces quatre Etablissements de l'Attention pendant sept mois pourrait en récolter l'un de ces deux fruits : l'Etat d'Arahant dans cette vie, ou, s'il y a un reste d'attachement, l'Etat de non retour.

Mais laissons, O moines, ces sept mois.

Celui qui pratiquerait ainsi ces quatre Etablissements de l'Attention pendant six mois, cinq mois, quatre mois, trois mois, deux mois, un mois, un demi-mois, pourrait en récolter l'un de ces deux fruits : l'Etat d'Arahant dans cette vie, ou, s'il y a un reste d'attachement, l'Etat de non retour.

Mais laissons, O moines, ce demi-mois.

Celui qui pratiquerait ainsi ces quatre Etablissements de l'Attention pendant sept jours, pourrait en récolter l'un de ces deux fruits : l'Etat d'Arahant dans cette vie, ou, s'il y a un reste d'attachement, l'Etat de non retour.

Il n'y a qu'une seule voie, O moines, conduisant à la purification des êtres, à la conquête des douleurs et des peines, à la destruction des souffrances physiques et morales, à l'acquisition de la conduite droite, à la réalisation du Nibbāna. Ce sont les quatre Etablissements de l'Attention.

C'est dans ce but que ceci fut dit.

Ainsi parla le Bhagavat.

Les moines heureux se réjouirent des paroles du Bhagavat.

(*Majjhima-nikāya*, n° 10).

Vasala-Sutta

Qui est le paria ?

Ainsi ai-je entendu :

A ce moment le Bienheureux demeurait au monastère d'Anāthapiṇḍika dans le parc Jeta à Sāvatthi. Le Bienheureux, ayant revêtu ses robes dans la matinée, prit son bol et entra dans Sāvatthi pour sa tournée d'aumônes. Au même moment, dans la maison du brahmane Aggika Bharadvaja, le feu du sacrifice était allumé et les offrandes disposées. Le Bienheureux allant de maison en maison arriva près de celle du brahmane Aggika Bharadvaja et ce brahmane voyant de loin le Bienheureux s'approcher, lui cria : « N'avance pas, tête rase, arrête, ô misérable samaṇa, arrête, ô paria ». Entendant cela, le Bienheureux répondit : « O brahmane, savez-vous qui est un paria et quelles sont les choses qui font d'un homme un paria ? » — « Non, Vénérable Gotama, je ne le sais pas, ce serait bien si le Vénérable Gotama m'enseignait cela afin que je puisse reconnaître un paria ou les choses qui font d'un homme un paria. » — « Alors, écoutez, brahmane, je vais vous l'enseigner, soyez attentif. » — « Bien, Vénérable », répondit le brahmane, et le Bienheureux, lui dit :

L'homme qui est coléreux et haineux, qui est méchant et hypocrite, qui a adopté des vues fausses et est trompeur — qu'il soit considéré comme un paria.

Celui qui dans ce monde fait souffrir les créatures vivantes qu'elles soient nées une fois ou deux [1], en qui il n'y a pas de

1. Les créatures nées deux fois sont celles nées des œufs. La sortie de l'œuf est considérée comme la première naissance, et la sortie de la

compassion pour les êtres vivants — qu'il soit considéré comme un paria.

Celui qui détruit ou assiège des villages et des villes et se conduit en ennemi — qu'il soit considéré comme un paria.

Que ce soit dans le village ou dans la forêt, celui qui s'approprie par vol ce qui appartient aux autres et ce qui n'est pas donné — qu'il soit considéré comme un paria.

Celui qui ayant contracté une dette, dupe son créditeur en disant « je ne vous dois rien » — qu'il soit considéré comme un paria.

Celui qui par convoitise pour un objet attaque un voyageur pour le dépouiller — qu'il soit considéré comme un paria.

L'homme qui dans son intérêt ou celui des autres, ou pour des richesses, porte un faux témoignage — qu'il soit considéré comme un paria.

Celui qui prend les femmes de ses parents ou de ses amis, que ce soit de force ou avec leur consentement — qu'il soit considéré comme un paria.

Celui qui pouvant le faire, ne veut pas subvenir aux besoins de son père et de sa mère lorsqu'ils sont vieux — qu'il soit considéré comme un paria.

Celui qui frappe ou blesse en paroles, sa mère, son père, son frère, sa sœur ou ses beaux-parents — qu'il soit considéré comme un paria.

Celui qui, étant consulté, donne de mauvais conseils et complote secrètement — qu'il soit considéré comme un paria.

Celui qui ayant commis une mauvaise action espère que personne ne le saura et fait le mal en se cachant — qu'il soit considéré comme un paria.

Celui qui étant allé dans la maison d'un autre y reçoit la nourriture et ne rend pas cette hospitalité — qu'il soit considéré comme un paria.

Celui qui par fausseté trompe un brahmane ou un samaṇa ou tout autre mendiant — qu'il soit considéré comme un paria.

---

créature de l'œuf est la deuxième. Ici on fait allusion aux oiseaux, tortues, etc., qui sont nés de l'œuf. L'œuf est considéré comme contenant la vie.

Celui qui lance des paroles irritées et ne donne rien à un brahmane ou à un samaṇa venu au moment du repas — qu'il soit considéré comme un paria.

Celui qui est enfoncé dans l'ignorance, ne donne pas la moindre aumône mais dénigre les dons modestes — qu'il soit considéré comme un paria.

Celui qui se glorifie et méprise les autres par orgueil étant lui-même méprisable — qu'il soit considéré comme un paria.

Celui qui fait naître la colère chez les autres, est avare, a des désirs mauvais, est envieux, rusé, n'a pas de honte ou ne craint pas de faire le mal — qu'il soit considéré comme un paria.

Celui qui injurie le Bouddha ou son disciple, un moine errant ou un laïc — qu'il soit considéré comme un paria.

Celui qui sans être un arahant (saint) prétend l'être, est le plus grand voleur et vraiment le plus bas des parias de tous les mondes jusqu'à celui de Brahma.

Ceux-là que je viens de décrire sont vraiment des parias. Ce n'est pas par la naissance que l'on devient un paria. Ce n'est pas par la naissance que l'on devient un brahmane. Par ses actes l'on devient un paria, par ses actes l'on devient un brahmane.

Ecoutez cet exemple. Il y avait un Caṇḍāla (paria) appelé Sopāka, et bien connu sous le nom de Mātanga. Ce Mātanga put atteindre la plus haute gloire, la plus difficile à atteindre. Beaucoup de nobles et de brahmanes le servirent. Monté dans le véhicule divin, entré dans la voie élevée, libre de la poussière, ayant abandonné les désirs des sens, il put atteindre le monde de Brahma. Sa naissance ne l'empêcha pas de renaître dans le monde de Brahma.

Il est des brahmanes nés dans des familles vouées aux incantations qui doivent suivre les Vedas, et pourtant sont pris continuellement dans de mauvaises actions. Ils sont méprisés dans cette vie même, et dans leur vie suivante renaissent dans un état misérable : leur naissance ne les sauve ni des enfers ni du blâme.

Ce n'est pas par la naissance que l'on devient un paria. Ce n'est pas par la naissance que l'on devient un brahmane. Par ses actes on devient un paria, par ses actes on devient un brahmane.

Ayant entendu cela, le brahmane Aggika Bharadvaja s'écria : « Merveilleux, Vénérable Gotama, merveilleux, c'est comme si l'on redressait ce qui a été renversé ou découvrait ce qui a été caché ou montrait le chemin à celui qui s'est égaré, ou apportait une lampe dans l'obscurité pour que ceux qui ont des yeux puissent voir. Ainsi le Vénérable Gotama a rendu claire la vérité de nombreuses façons. Je prends refuge dans le Vénérable Gotama, dans le *Dhamma* (Doctrine) et dans le *Saṅgha* (Communauté). Que le Vénérable Gotama veuille bien m'accepter comme disciple laïc qui, de ce jour jusqu'à la fin de sa vie, les prenne comme refuges ».

(*Suttanipāta*, I, 7).

Sabbāsava-Sutta

Tous les obstacles

Ainsi ai-je entendu :

Une fois le Bienheureux demeurait au monastère d'Anāthapiṇḍika dans le parc Jeta à Sāvatthi.

Le Bienheureux parla ainsi : « La façon de surmonter tous les obstacles, O moines, je vous l'enseignerai. Ecoutez cela, réfléchissez bien, je parlerai. » — « Oui Seigneur », répondirent ces moines au Bienheureux.

Le Bienheureux parla ainsi :

La destruction des obstacles, O moines, je vous le dis, est pour celui qui sait et pour celui qui voit, non pour celui qui ne sait pas, ni pour celui qui ne voit pas. Et que doit savoir, O moines, que doit voir celui qui détruit les obstacles ? La pensée sage et la pensée sans sagesse.

En celui qui pense sans sagesse, O moines, des obstacles non apparus paraissent, et les obstacles déjà présents s'accroissent ; en celui qui pense sagement, O moines, des obstacles non apparus ne paraissent pas, et les obstacles déjà présents décroissent.

Il y a, O moines, les obstacles qui doivent être vaincus par le discernement ; il y a les obstacles qui doivent être vaincus par le contrôle ; il y a les obstacles qui doivent être vaincus par l'usage (juste) ; il y a les obstacles qui doivent être vaincus par l'endurance ; il y a les obstacles qui doivent être vaincus en les évitant ; il y a les obstacles qui doivent être vaincus en les écartant ; il y a les obstacles qui doivent être vaincus par le développement (spirituel).

Et quels sont, O moines, les obstacles qui doivent être vaincus par le discernement ?

Voici, O moines, l'homme ordinaire et non instruit qui ne voit pas les Nobles Etres, n'est pas instruit de la Noble Doctrine, ni entraîné dans la Noble Doctrine, qui ne voit pas les sages, n'est pas instruit de la doctrine des sages, ni entraîné dans la doctrine des sages ; il ne sait pas les choses qui doivent être pensées, il ne sait pas celles qui ne doivent pas être pensées. Alors, ne sachant pas les choses qui doivent être pensées et ne sachant pas celles qui ne doivent pas être pensées, celles qui ne doivent pas être pensées, il les pense, et celles qui doivent être pensées, il ne les pense pas.

Et quelles sont, O moines, les choses qui ne doivent pas être pensées mais auxquelles il pense ?

Si par la pensée de certaines choses, O moines, l'obstacle du désir sensuel, non apparu, paraît ; l'obstacle du désir sensuel, déjà présent s'accroît ; l'obstacle de l'ignorance, non apparu, paraît ; l'obstacle de l'ignorance, déjà présent, s'accroît ; l'obstacle du désir d'existence, non apparu, paraît, l'obstacle du désir d'existence, déjà présent, s'accroît ; ces choses qui ne doivent pas être pensées, il les pense.

Et quelles sont, O moines, les choses qui doivent être pensées, mais auxquelles il ne pense pas ?

Si par la pensée de certaines choses, O moines, l'obstacle du désir sensuel, non apparu, ne paraît pas ; l'obstacle du désir sensuel, déjà présent, décroît ; l'obstacle du désir d'existence, non apparu, ne paraît pas ; l'obstacle du désir d'existence, déjà présent, décroît ; l'obstacle de l'ignorance, non apparu, ne paraît pas ; l'obstacle de l'ignorance, déjà présent, décroît ; ces choses qui doivent être pensées, il ne les pense pas.

Ainsi par le fait de penser aux choses qui ne doivent pas être pensées, et de ne pas penser aux choses qui doivent être pensées, des obstacles non apparus, paraissent en lui, et les obstacles déjà présents s'accroissent.

Ainsi, sans sagesse, il pense : « Ai-je existé dans le passé ? » « N'ai-je pas existé dans le passé ? » « Qu'ai-je été dans le passé ? » « Comment ai-je été dans le passé ? » « Qu'est-ce qu'ayant été (antérieurement) j'ai été dans le passé ? » « Serai-je dans le futur ? » « Ne serai-je pas dans le futur ? » « Que serai-je dans le futur ? » « Comment serai-je dans le futur ? » « Qu'est-ce qu'ayant été (dans ce futur), je serai dans le futur (plus lointain) ? » Le présent lui aussi, maintenant, le rend perplexe sur lui-même : « Suis-je ? » « Ne suis-je pas ? » « Que suis-je ? » « Comment suis-je ? » « Cet être, d'où est-il venu, et où ira-t-il ? »

Ainsi, pensant sans sagesse, l'une des six vues fausses surgira en lui : « J'ai une âme » ; cette vue fausse naît en lui, véridique et ferme. « Je n'ai pas d'âme » ; cette vue fausse naît en lui, véridique et ferme. « Par l'âme, je connais l'âme » ; cette vue fausse naît en lui, véridique et ferme. « Par l'âme, je connais le non-âme » ; cette vue fausse naît en lui véridique et ferme. Ou encore cette autre vue fausse surgit en lui : « Cette âme qui est mienne, s'exprimant et ressentant, reçoit ici ou là le résultat des bonnes et des mauvaises actions, et cette âme qui est mienne, permanente, fixe, éternelle, de nature immuable, demeure ainsi éternellement ».

Ceci, O moines, est appelé spéculations, jungle d'opinions, désert d'opinions, perversion d'opinions, agitation d'opinions et liens d'opinions. Lié par ces liens d'opinions, O moines, l'homme ordinaire et non instruit n'est pas libéré de la naissance, de la vieillesse, de la mort, des chagrins, lamentations, souffrances, peines mentales, agonies ; il n'est pas libéré de la souffrance, je le dis.

(Mais) le Sage, O moines, le noble disciple qui voit les Nobles Etres, est instruit de la noble doctrine et, entraîné dans la noble doctrine, qui voit les sages, est instruit de la doctrine des sages et entraîné dans la doctrine des sages, il sait les choses qui doivent être pensées et sait celles qui ne doivent pas être pensées.

Alors sachant les choses qui doivent être pensées et sachant celles qui ne doivent pas être pensées, les choses qui ne doivent pas être pensées, il ne les pense pas, et celles qui doivent être pensées, il les pense.

Et quelles sont, O moines, les choses qui ne doivent pas être pensées et auxquelles il ne pense pas ?

Si par la pensée de certaines choses, O moines, l'obstacle du désir sensuel, non apparu, paraît, l'obstacle du désir sensuel déjà présent, s'accroît ; l'obstacle du désir d'existence, non apparu, paraît, l'obstacle du désir d'existence, déjà présent, s'accroît ; l'obstacle de l'ignorance, non apparu, apparaît, l'obstacle de l'ignorance déjà présent, s'accroît ; ces choses qui ne doivent pas être pensées, il ne les pense pas.

Et quelles sont, O moines, les choses qui doivent être pensées et auxquelles il pense ?

Si par la pensée de certaines choses, O moines, l'obstacle du désir sensuel, non apparu, ne paraît pas, l'obstacle du désir sensuel, déjà présent, décroît ; l'obstacle du désir d'existence, non apparu, ne paraît pas, l'obstacle du désir d'existence, déjà présent, décroît ; l'obstacle de l'ignorance non apparu, ne paraît pas, l'obstacle de l'ignorance, déjà présent, décroît ; ces choses qui doivent être pensées, il les pense.

Ainsi par le fait de ne pas penser aux choses qui ne doivent pas être pensées, et de penser aux choses qui doivent être pensées, les obstacles, non apparus, ne paraissent pas en lui, et les obstacles déjà présents, décroissent.

Ainsi, sagement, il pense : « Ceci est la Souffrance » ; sagement il pense : « Ceci est la Cause de la Souffrance » ; sagement il pense : « Ceci est la Cessation de la Souffrance » ; sagement il pense : « Ceci est le Sentier qui mène à la cessation de la Souffrance ».

Pensant ainsi, trois liens se détachent de lui : l'illusion du moi, le doute, et la croyance en l'efficacité des rites et des cérémonies.

Tels sont, O moines, les obstacles qui doivent être vaincus par le discernement.

Et quels sont, O moines, les obstacles qui doivent être vaincus par le contrôle ?

Voici, O moines : un moine considérant les choses avec sagesse demeure gardant le contrôle de la faculté de la vision. Alors, O moines, qu'en celui qui demeure sans garder le contrôle de la faculté de la vision, des obstacles oppressifs et brûlants apparaîtraient, en celui qui demeure gardant le contrôle de la faculté de la vision, ces obstacles oppressifs et brûlants n'apparaissent pas.

Considérant les choses avec sagesse, il demeure gardant le contrôle de la faculté de l'audition. Alors, O moines, qu'en celui qui demeure sans garder le contrôle de la faculté de l'audition, des obstacles oppressifs et brûlants apparaîtraient, en celui qui demeure gardant le contrôle de la faculté de l'audition, ces obstacles oppressifs et brûlants n'apparaissent pas.

Considérant les choses avec sagesse, il demeure gardant le contrôle de la faculté de l'odorat. Alors, O moines, qu'en celui qui demeure sans garder le contrôle de la faculté de l'odorat, des obstacles oppressifs et brûlants apparaîtraient, en celui qui demeure gardant le contrôle de la faculté de l'odorat, ces obstacles oppressifs et brûlants n'apparaissent pas.

Considérant les choses avec sagesse, il demeure gardant le contrôle de la faculté du goût. Alors, O moines, qu'en celui qui demeure sans garder le contrôle de la faculté du goût, des obstacles oppressifs et brûlants apparaîtraient, en celui qui demeure gardant le contrôle de la faculté du goût, ces obstacles oppressifs et brûlants n'apparaissent pas.

Considérant les choses avec sagesse, il demeure gardant le contrôle de la faculté du toucher. Alors, O moines, qu'en celui qui demeure sans garder le contrôle de la faculté du toucher, des obstacles oppressifs et brûlants apparaîtraient, en celui qui demeure gardant le contrôle de la faculté du toucher, ces obstacles oppressifs et brûlants n'apparaissent pas.

Considérant les choses avec sagesse, il demeure gardant le contrôle de la faculté mentale. Alors, O moines, qu'en celui qui demeure sans garder le contrôle de la faculté mentale, des obstacles oppressifs et brûlants apparaîtraient, en celui qui demeure gardant le contrôle de la faculté mentale, ces obstacles oppressifs et brûlants n'apparaissent pas.

Alors, O moines, qu'en celui qui demeure sans garder le contrôle (des facultés des sens), des obstacles oppressifs et brûlants apparaîtraient, en celui qui demeure gardant le contrôle (des facultés des sens), ces obstacles oppressifs et brûlants n'apparaissent pas.

Tels sont, O moines, les obstacles qui doivent être vaincus par le contrôle.

Et quels sont, O moines, les obstacles qui doivent être vaincus par l'usage (juste) ?

Voici, O moines, un moine, la considérant avec sagesse, se sert de sa robe seulement pour se protéger du froid, de la chaleur, des taons, des moustiques, du vent, du soleil, des serpents, seulement dans le but de couvrir sa nudité.

La considérant avec sagesse, il se sert de sa nourriture, non pour le plaisir, non pour l'exagération de la vigueur, non pour l'esthétique, non pour la beauté, mais seulement pour maintenir l'existence de ce corps, pour supprimer la souffrance, pour soutenir une vie noble, pensant : « Ainsi je mettrai fin à la souffrance ancienne, je ne produirai pas de nouvelles souffrances, et ainsi mon existence sera droite et heureuse. »

La considérant avec sagesse, il se sert de son habitation seulement pour se protéger du froid, de la chaleur, des contacts des taons, des moustiques, du vent, du soleil, des serpents, seulement pour éviter les dangers des saisons, et pour se procurer un endroit propice à la méditation.

Les considérant avec sagesse, il se sert de tout ce qui constitue des remèdes à la maladie, seulement pour faire cesser les sensations de malaises présentes, et dans le but de conserver sa santé.

Alors, O moines, qu'en celui qui ne pratique pas l'usage (juste), des obstacles oppressifs et brûlants apparaîtraient, en celui qui pratique l'usage (juste), ces obstacles oppressifs et brûlants n'apparaissent pas.

Tels sont, O moines, les obstacles qui doivent être vaincus par l'usage (juste).

Et quels sont, O moines, les obstacles qui doivent être vaincus par l'endurance ?

Voici, O moines, un moine considérant avec sagesse, endure (patiemment) le froid, la chaleur, la faim, la soif, les contacts des taons, des moustiques, du vent, du soleil, des serpents ; les discours médisants et malveillants ; les sensations corporelles qui surviennent : douloureuses, perçantes, pénibles, amères, désagréables, déplaisantes, mortelles, il les endure avec patience.

Alors, O moines, qu'en celui qui n'est pas endurant, des obstacles oppressifs et brûlants apparaîtraient, en celui qui est endurant, ces obstacles oppressifs et brûlants n'apparaissent pas.

Tels sont, O moines, les obstacles qui doivent être vaincus par l'endurance.

Et quels sont, O moines, les obstacles qui doivent être vaincus en les évitant ?

Voici, O moines, un moine considérant avec sagesse, il évite l'éléphant furieux, il évite le cheval furieux, il évite le taureau furieux, il évite le chien furieux, le serpent, les souches d'arbres, les buissons d'épines, les mares, les précipices, les bourbiers, les cloaques ; il évite de s'asseoir dans des sièges incorrects, de visiter les mauvais endroits, de se lier avec des amis indignes d'amitié, et tout ce que les sages avisés blâmeraient. Considérant avec sagesse tels sièges incorrects, tels mauvais endroits et tels mauvais amis, il les évite sagement.

Alors, O moines, qu'en celui qui ne les évite pas, des obstacles oppressifs et brûlants apparaîtraient, en celui qui les évite, ces obstacles oppressifs et brûlants n'apparaissent pas.

Tels sont, O moines, les obstacles qui doivent être vaincus en les évitant.

Et quels sont, O moines, les obstacles qui doivent être vaincus en les écartant ?

Voici, O moines, un moine considérant avec sagesse ; si une pensée sensuelle s'élève en lui il ne la tolère pas, il l'écarte, il la repousse, il y met un terme, il ne la fait pas naître ; si une pensée de malveillance s'élève en lui il ne la tolère pas, il l'écarte, il la repousse, il y met un terme, il ne la fait pas naître ; si une pensée de haine s'élève en lui il ne la tolère pas, il l'écarte, il la repousse, il y met un terme, il ne la fait pas naître ; toutes les choses mauvaises qui s'élèvent en lui il ne les tolère pas, il les écarte, il les repousse, il y met un terme, il ne les fait pas naître.

Alors, O moines, qu'en celui qui ne les écarte pas, des obstacles oppressifs et brûlants apparaîtraient, en celui qui les écarte, ces obstacles oppressifs et brûlants n'apparaissent pas.

Tels sont, O moines, les obstacles qui doivent être vaincus en les écartant.

Et quels sont, O moines, les obstacles qui doivent être vaincus par le développement (spirituel) ?

Voici, O moines, un moine considérant avec sagesse, il développe le facteur de l'illumination de l'attention, accompagné du détachement, de l'absence du désir, de la cessation, et conduisant à l'abandon.

Considérant avec sagesse, il développe le facteur de l'illumination de l'examen de la loi, accompagné du détachement, de l'absence du désir, de la cessation, et conduisant à l'abandon.

Considérant avec sagesse il développe le facteur de l'illumination de l'énergie, accompagné du détachement, de l'absence du désir, de la cessation, et conduisant à l'abandon.

Considérant avec sagesse il développe le facteur de l'illumination de la joie, accompagné du détachement, de l'absence du désir, de la cessation, et conduisant à l'abandon.

Considérant avec sagesse il développe le facteur de l'illumination de la tranquillité, accompagné du détachement, de l'absence du désir, de la cessation, et conduisant à l'abandon.

Considérant avec sagesse il développe le facteur de l'illumination de la concentration, accompagné du détachement, de l'absence du désir, de la cessation, et conduisant à l'abandon.

Considérant avec sagesse il développe le facteur de l'illumination de l'équanimité, accompagné du détachement, de l'absence du désir, de la cessation, et conduisant à l'abandon.

Alors, O moines, qu'en celui qui ne pratique pas le développement (spirituel), des obstacles oppressifs et brûlants apparaîtraient, en celui qui pratique le développement (spirituel) ces obstacles oppressifs et brûlants n'apparaissent pas.

Tels sont, O moines, les obstacles qui doivent être vaincus par le développement (spirituel).

Et si, O moines, les obstacles qui doivent être vaincus par le discernement sont vaincus par le discernement, les obstacles qui doivent être vaincus par le contrôle sont vaincus par le contrôle, les obstacles qui doivent être vaincus par l'usage (juste) sont vaincus par l'usage (juste), les obstacles qui doivent être vaincus par l'endurance, sont vaincus par l'endurance, les obstacles qui doivent être vaincus en les évitant sont vaincus en les évitant, les obstacles qui doivent être vaincus en les écartant sont vaincus en les écartant, les obstacles qui doivent être vaincus par le développement (spirituel), sont vaincus par le développement (spirituel), il est, O moines, le moine qui demeure libéré de tout obstacle ; il a détruit la soif du désir, il a dénoué les liens, et par la juste compréhension des fausses mesures, il a mis un terme à la souffrance.

Ainsi parla le Bienheureux.

Les moines heureux se réjouirent des paroles du Bienheureux.

(*Majjhima-nikāya*, n°. 2).

Vatthūpama-Sutta

La parabole de l'étoffe

Ainsi ai-je entendu :

Une fois le Bienheureux résidait au monastère d'Anāthapiṇḍika, dans le Parc Jeta, à Sāvatthi.

Le Bienheureux parla ainsi :

De même, O moines, qu'une étoffe sale et maculée trempée par le teinturier dans n'importe quelle couleur, soit bleue, soit jaune, soit rouge, soit orange, reste d'une couleur sale, reste d'une couleur terne ; et pourquoi cela ? parce que l'étoffe, O moines, est sale ; de même, O moines, quand l'esprit est impur, de malheureuses conséquences doivent être attendues.

De même, O moines qu'une étoffe pure et propre, trempée par le teinturier dans n'importe quelle couleur, soit bleue, soit jaune, soit rouge, soit orange, reste d'une couleur propre, reste d'une couleur nette ; et pourquoi cela ? Parce que l'étoffe, O moines, est propre ; de même, O moines, quand l'esprit est pur, d'heureuses conséquences doivent être attendues.

Et quelles sont, O moines, les impuretés de l'esprit ?

La cupidité et le désir sont des impuretés de l'esprit ; la méchanceté est une impureté de l'esprit ; la colère est une impureté de l'esprit ; la malveillance est une impureté de l'esprit ; l'hypocrisie est une impureté de l'esprit ; le dénigrement est une impureté de l'esprit ; la jalousie est une impureté de l'esprit ; la tromperie est une impureté de l'esprit ; la ruse est une impureté de l'esprit ; l'obstination est une impureté de l'esprit ; l'impétuosité est une impureté de l'esprit ; la présomption est une impureté de l'esprit ; l'arrogance est une impureté de l'esprit ; la suffisance est une impureté de l'esprit ; la négligence est une impureté de l'esprit.

Alors, O moines, un moine sachant que la cupidité et le désir sont des impuretés de l'esprit, ces impuretés de l'esprit : la cupidité et le désir, il les repousse. Sachant que la méchanceté est une impureté de l'esprit, cette impureté de l'esprit : la méchanceté, il la repousse. Sachant que la colère est une impureté de l'esprit, cette impureté de l'esprit : la colère, il la repousse. Sachant que la malveillance est une impureté de l'esprit, cette impureté de l'esprit : la malveillance, il la repousse. Sachant que l'hypocrisie est une impureté de l'esprit, cette impureté de l'esprit : l'hypocrisie, il la repousse. Sachant que le dénigrement est une impureté de l'esprit, cette impureté de l'esprit : le dénigrement, il la repousse. Sachant que la jalousie est une impureté de l'esprit, cette impureté de l'esprit : la jalousie, il la repousse. Sachant que l'avarice est une impureté de l'esprit, cette impureté de l'esprit : l'avarice, il la repousse. Sachant que la tromperie est une impureté de l'esprit, cette impureté de l'esprit : la tromperie, il la repousse. Sachant que la ruse est une impureté de l'esprit, cette impureté de l'esprit : la ruse, il la repousse. Sachant que l'obstination est une impureté de l'esprit, cette impureté de l'esprit : l'obstination, il la repousse. Sachant que l'impétuosité est une impureté de l'esprit, cette impureté de l'esprit : l'impétuosité, il la repousse. Sachant que la présomption est une impureté de l'esprit, cette impureté de l'esprit : la présomption, il la repousse. Sachant que l'arrogance est une impureté de l'esprit : la suffisance, il la repousse. Sachant que la négligence est une impureté de l'esprit, cette impureté de l'esprit : la négligence, il la repousse.

De ce fait, O moines, de ce moine sachant que la cupidité et le désir sont des impuretés de l'esprit, ces impuretés de l'esprit : la cupidité et le désir, sont repoussées. . . . .

. . . .

Sachant que la négligence est une impureté de l'esprit, cette impureté de l'esprit : la négligence est repoussée.

Alors il est rempli d'une ferme confiance dans le Bouddha, (sachant) : « Tel est le Bienheureux, l'Arahant parfaitement et pleinement éveillé, parfait en sagesse et en conduite, le Bienheureux, le Connaisseur des mondes, l'Incomparable guide des êtres qui doivent être guidés, l'Instructeur des dieux et des hommes, le Bouddha, le Bienheureux ».

Il est rempli d'une ferme confiance dans la doctrine *(Dhamma)*, (sachant) : « Bien exposée par le Bienheureux est la Doctrine, donnant des résultats ici même, immédiate, invitant à la comprendre, conduisant à la perfection, compréhensible par les sages en eux-mêmes ».

Il est rempli d'une ferme confiance dans la Communauté *(Sangha)*, (sachant) : La Communauté des disciples du Bienheureux est de conduite pure : « la Communauté des disciples du Bienheureux est de conduite droite, la Communauté des disciples du Bienheureux est de conduite correcte, la Communauté des disciples du Bienheureux est de conduite bienséante ; ce sont en fait les quatre paires d'êtres, les huit êtres. Telle est la Communauté des disciples du Bienheureux, digne des offrandes, digne de l'hospitalité, digne des dons, digne de respect ; le plus grand champ de mérite pour le monde ».

Et ainsi, de ce fait, (ce moine) est détaché, délivré, libéré, dépouillé, débarrassé.

Pensant : « Je suis rempli d'une ferme confiance dans le Bouddha », il obtient la connaissance de la doctrine, il obtient la connaissance de la compréhension, il obtient la connaissance de la doctrine, il obtient le bonheur produit par la doctrine ; en celui qui est heureux, naît la joie ; de celui qui est joyeux, le corps se calme ; celui dont le corps est calmé ressent le bien-être ; l'esprit de celui qui ressent le bien-être se concentre.

Pensant : « Je suis rempli d'une ferme confiance dans la Doctrine », il obtient la connaissance de la compréhension, il obtient la connaissance de la doctrine, il obtient le bonheur produit par la doctrine ; en celui qui est heureux naît la joie ; de celui qui est joyeux, le corps se calme ; celui dont le corps est calmé, ressent le bien-être ; l'esprit de celui qui ressent le bien-être se concentre.

Pensant : « Je suis rempli d'une ferme confiance dans la Communauté », il obtient la connaissance de la compréhension, il obtient la connaissance de la doctrine, il obtient le bonheur produit par la doctrine ; en celui qui est heureux naît la joie ; de celui qui est joyeux, le corps se calme, celui dont le corps est calmé, ressent le bien-être ; l'esprit de celui qui ressent le bien-être se concentre.

Pensant : « Et ainsi, par cela, je suis détaché, délivré, libéré, dépouillé, débarrassé », il obtient la connaissance de la compréhension, il obtient la connaissance de la doctrine, il obtient le bonheur produit par la doctrine ; en celui qui est heureux, naît la joie ; de celui qui est joyeux, le corps se calme ; celui dont le corps est calmé ressent le bien-être ; l'esprit de celui qui ressent le bien-être se concentre.

Et alors, O moines, ce moine d'une telle moralité, d'une telle qualité, d'une telle sagesse, mange la nourriture, sans grains noirs avec des potages et des curries, mais (son esprit) n'en est pas affecté. De même, O moines, qu'une étoffe sale et maculée, lavée dans l'eau claire devient pure et nette, ou de l'or, passé au creuset, devient pur et brillant ; de même, O moines, ce moine d'une telle moralité, d'une telle qualité, d'une telle sagesse, mange la nourriture sans grains noirs, avec des potages et des curries, mais (son esprit) n'en est pas affecté.

Il demeure faisant rayonner la pensée de bienveillance dans une direction (de l'espace) et de même dans une deuxième, dans une troisième, dans une quatrième ; au-dessus, au-dessous, au travers, partout dans sa totalité en tout lieu de l'univers, il demeure faisant rayonner la pensée de bienveillance, large, profonde, sans limite, sans haine, et libérée d'inimitié.

Il demeure faisant rayonner la pensée de compassion, dans une direction (de l'espace), et de même dans une deuxième, dans une troisième, dans une quatrième ; ainsi, au-dessus, au-dessous, au travers, partout, dans sa totalité, en tout lieu de l'univers, il demeure faisant rayonner la pensée de compassion, large, profonde, sans limite, sans haine, et libérée d'inimitié.

Il demeure faisant rayonner la pensée de sympathie joyeuse dans une direction (de l'espace), et de même dans une deuxième, dans une troisième, dans une quatrième ; ainsi, au-dessus, au-dessous, au travers, partout, dans sa totalité, en tout lieu de l'univers, il demeure faisant rayonner la pensée de sympathie joyeuse, large, profonde, sans limite, sans haine, et libérée d'inimitié.

Il demeure faisant rayonner la pensée d'équanimité dans une direction (de l'espace), et de même dans une deuxième, dans une troisième, dans une quatrième ; ainsi, au-dessus, au-dessous, au travers, partout, dans sa totalité, en tout lieu de l'univers, il demeure faisant rayonner la pensée d'équanimité, large, profonde, sans limite, sans haine et libérée d'inimitié.

Il comprend alors : « Voici ce qui est, il y a la décroissance, il y a l'accomplissement, il y a l'émancipation ultérieure de cet état conscient ». Quand il sait cela et quand il voit cela, l'esprit se libère de l'obstacle du désir sensuel, l'esprit se libère de l'obstacle du désir d'existence, l'esprit se libère de l'obstacle de l'ignorance. Quand il est libéré, vient la connaissance : « Ici est la libération », il sait : « La naissance est détruite, la vie noble est vécue, ce qui devait être achevé est achevé, plus rien ne demeure à accomplir ».

Ceci s'appelle, O moines, un moine baigné dans le bain intérieur.

Pendant ce temps le brahmane Sundarikabhāradvajā était assis auprès du Bienheureux. Et le brahmane Sundarikabhāradvajā s'adressa alors au Bienheureux : « Le vénérable Gotama va-t-il se baigner dans la rivière Bāhukā ? »

« Pourquoi, brahmane, la Bāhukā ? Qu'est-ce que fera la Bāhukā ? »

« Parce que, vénérable Gotama, la Bāhukā est reconnue comme sacrée par de nombreux êtres ; parce que, vénérable Gotama, la Bāhukā est reconnue comme purifiante par de nombreux êtres. De nombreux êtres se lavent de leurs mauvaises actions dans la Bāhukā. »

Alors le Bienheureux adressa ces stances au brahmane Sundarikabhāradvajā :

Dans la Bāhukā et dans l'Adhikakka,
Dans la Gayā et la Sundarikā,
Dans la Payāga et la Sarassati,
Dans le courant de la Bāhumati,

Un fou aux actions noires, bien qu'il
S'y baigne souvent ne se purifie pas.
Que fera la Sundarikā
Ou la Payāga ou la Bāhukā ?
Elle ne purifie pas l'homme haineux
Qui a commis de mauvaises actions.
Pour celui qui est pur, c'est toujours le temps de Phaggu.
Pour celui qui est pur, chaque jour est sacré.
Pour celui qui est pur et agit de façon pure
Il y a toujours observance.
O brahmane, baigne-toi ici,
Etends la pensée de paix à tous les êtres,
Si tu ne dis pas de parole fausse,
Si tu ne nuis pas à la vie,
Si tu ne prends pas ce qui n'est pas donné,
Si tu as confiance et es sans convoitise,
Qu'iras-tu faire à la Gayā ?
Ton puits aussi est la Gayā.

Ceci dit, le brahmane Sundarikabhāradvajā dit au Bienheureux : « Merveilleux, vénérable Gotama, merveilleux, vénérable Gotama. C'est (vraiment), vénérable Gotama, comme si l'on redressait ce qui a été renversé, découvrait ce qui a été caché, montrait le chemin à l'égaré, ou apportait une lampe dans l'obscurité en pensant : « Que ceux qui ont des yeux voient les formes » ; de même le vénérable Gotama, a rendu claire la doctrine de nombreuses façons. Aussi je prends refuge dans le vénérable Gotama, dans la Doctrine et dans la Communauté des moines. Puissé-je être admis auprès du vénérable Gotama, puissé-je recevoir l'ordination. »

Et le brahmane Sundarikabhāradvajā fut admis auprès du Bienheureux et il reçut l'ordination.

Peu de temps après son ordination, le vénérable Bhāradvajā demeurant seul, retiré, vigilant, ardent, résolu, parvint rapidement à ce but pour la réalisation duquel les fils de noble famille quittent leur foyer pour la vie sans foyer, cet incomparable but de la vie sainte, il le réalisa dans cette vie même. Il comprit :

« La naissance est détruite, la vie noble est vécue, ce qui doit être achevé est achevé, plus rien ne demeure à accomplir. »

Ainsi le vénérable Bhāradvajā parvint au nombre des Arahants.

(*Majjhima-nikāya*, nº. 7).

Dhammapada

Paroles de vérité
(Versets choisis)

I

Tous les états mentaux ont l'esprit pour avant-coureur, pour chef ; et ils sont créés par l'esprit. Si un homme parle ou agit avec un mauvais esprit, la souffrance le suit d'aussi près que la roue suit le sabot du bœuf tirant le char.

Tous les états mentaux ont l'esprit pour avant-coureur, pour chef ; et ils sont créés par l'esprit. Si un homme parle ou agit avec un esprit purifié, le bonheur l'accompagne d'aussi près que son ombre inséparable.

« Il m'a vilipendé ; il m'a maltraité ; il m'a vaincu ; il m'a volé. » Chez ceux qui accueillent de telles pensées, la haine ne s'apaise jamais.

« Il m'a vilipendé ; il m'a maltraité ; il m'a vaincu ; il m'a volé. » Chez ceux qui n'accueillent jamais de telles pensées, la haine s'apaise.

En vérité, la haine ne s'apaise jamais par la haine. La haine s'apaise par l'amour, c'est une loi éternelle.

La plupart des hommes oublient que nous mourrons tous un jour. Pour ceux qui y pensent, la lutte est apaisée.

Ceux qui prennent l'erreur pour la vérité et la vérité pour l'erreur, ceux qui se nourrissent dans les pâturages des pensées fausses, — n'arriveront jamais au réel.

Mais ceux qui prennent la vérité comme vérité et l'erreur comme erreur, — ceux qui se nourrissent dans les pâturages de pensées justes, — arriveront au réel.

De même que la pluie entre dans une maison dont le chaume est disjoint, ainsi la passion pénètre un esprit non développé.

De même que la pluie n'entre pas dans une maison bien couverte de chaume, ainsi la passion ne pénètre pas un esprit bien développé.

L'être malfaisant se lamente en ce monde et se lamente dans l'autre. Dans les deux états il se lamente. Il gémit, il est affligé quand il voit ses actes souillés.

L'être bienfaisant se réjouit en ce monde et se réjouit dans l'autre. Dans les deux états il se réjouit. Il est content et extrêmement heureux quand il voit ses actes purs.

II

La vigilance *(appamāda)* est le sentier de l'immortalité. La négligence est le sentier de la mort. Ceux qui sont vigilants ne meurent pas. Ceux qui sont négligents sont déjà morts.

Comprenant bien cette idée, les sages vigilants qui suivent la voie des nobles *(ariya)*, se réjouissent dans la vigilance.

Ceux qui sont sages, méditatifs, persévérant sans relâche, atteignent au Nibbāṇa qui est la félicité suprême.

De celui qui est énergique, attentif, pur en ses actions, qui agit d'une manière réfléchie, se contrôle, vit avec droiture, qui est vigilant, — la bonne renommée s'accroît.

Par sa diligence, sa vigilance, sa maîtrise de soi, l'homme sage doit se faire une île que les flots ne pourront jamais submerger.

Les insensés dans leur manque de sagesse, s'abandonnent à la négligence. Le sage garde la vigilance comme la richesse la plus précieuse.

Ne vous laissez pas aller à la négligence, ni aux plaisirs des sens. Celui qui est adonné à la méditation obtient la Grande Joie.

Vigilant parmi les négligents, éveillé parmi les somnolents, le sage avance comme un coursier laissant derrière lui la haridelle.

Par la vigilance, Indra s'est élevé au plus haut rang des dieux. On loue la vigilance ; on blâme la négligence.

Le bhikkhu (moine) qui s'attache à la vigilance et qui redoute la négligence, avance comme le feu, brûlant ses entraves grandes et petites.

Le bhikkhu qui s'attache à la vigilance et redoute la négligence, ne peut plus déchoir. Il se rapproche du Nibbāṇa.

III

De même que celui qui fabrique des flèches veille à ce qu'elles soient droites, de même le sage redresse son esprit instable et incertain, difficile à garder, difficile à contrôler.

De même qu'un poisson rejeté hors de l'eau, notre esprit tremble quand il abandonne le royaume de Māra (c'est-à-dire le domaine des passions) [1].

L'esprit est difficile à maîtriser et instable. Il court où il veut. Il est bon de le dominer. L'esprit dompté assure le bonheur.

Que le sage reste maître de son esprit car il est subtil et difficile à saisir et il court où il veut. Un esprit contrôlé assure le bonheur.

Errant au loin, solitaire, sans corps et caché très profondément, tel est l'esprit. Ceux qui parviennent à le soumettre, se libèrent des entraves de Māra.

Chez celui dont l'esprit est inconstant, qui ignore la vraie loi et manque de confiance, la sagesse n'atteint pas la plénitude.

Celui dont l'esprit n'est pas agité ni troublé par le désir, celui qui est au-delà du bien et du mal, cet homme éveillé ne connaît pas la crainte.

Quoi qu'un ennemi puisse faire à son ennemi, quoi qu'un homme haineux puisse faire à un autre homme haineux, — un esprit mal dirigé peut faire pire.

Ni mère, ni père, ni aucun proche ne nous fait autant de bien qu'un esprit bien dirigé.

IV

Que le sage vive en son village comme l'abeille recueille le nectar sans abîmer la fleur dans sa couleur et dans son parfum.

Ne vous occupez pas des fautes d'autrui, ni de leurs actes, ni de leurs négligences. Soyez plutôt conscients de vos propres actes et de vos propres négligences.

1. *Māra*, littéralement « mort ». La personnification de tout ce qui est mal, toute tentation, tout ce qui attache un être au cycle d'existence.

Semblable à une belle fleur brillante et sans parfum, la belle parole de celui qui ne la suit pas est sans fruit.

Semblable à une belle fleur brillante et parfumée, la belle parole de celui qui la suit est fructueuse.

De même qu'on peut faire de nombreuses guirlandes d'un monceau de fleurs, ainsi un homme né en ce monde doit accomplir de nombreuses bonnes actions.

L'odeur des fleurs ou du santal, ou de l'encens, ou du jasmin, n'est pas portée contre le vent ; mais l'odeur de sainteté est portée contre le vent. Dans toutes les directions, le saint homme répand le parfum (de sa vertu).

Bien au-dessus de l'odeur du santal ou de l'encens, ou du lotus, ou du jasmin, règne le parfum de la vertu.

Faible est l'odeur de l'encens et du santal ; mais l'odeur excellente de la vertu monte même au monde des dieux.

Comme un beau lys parfumé jaillit d'un monceau de déchets sur les bords de la route, de même le disciple du Sublime Eveillé (Bouddha) rayonne de sagesse parmi la masse des hommes ordinaires aveugles.

V

Longue est la nuit pour celui qui veille ; longue est la route pour celui qui est las de marcher ; long est le cycle des naissances et des morts pour les insensés qui ne connaissent pas la Vérité Sublime.

Si un chercheur ne trouve pas son supérieur ou son égal, qu'il continue résolument son chemin solitaire ; il n'y a pas de camaraderie avec un insensé.

« Ces enfants sont à moi, ces richesses sont à moi. » Ainsi pense l'insensé et il est tourmenté. Vraiment on ne s'appartient pas à soi-même. D'où les enfants ? D'où les richesses ?

L'insensé qui reconnaît sa sottise est sage en cela. Mais l'insensé qui se croit sage, est à juste titre un fou.

Si un insensé est associé à un homme sage, même toute sa vie, il reste ignorant de la vérité, comme la cuiller ignore le goût de la soupe.

Si un homme intelligent est associé une seule minute à un

homme sage, il connaîtra promptement la vérité, comme la langue perçoit la saveur de la soupe.

Les insensés, les fous, se conduisent vis-à-vis d'eux-mêmes comme des ennemis, faisant de mauvaises actions dont le fruit est amer.

L'acte dont on se repent après, dont on éprouve le résultat avec des larmes et des lamentations, cet acte n'est pas bien fait.

Cet acte est bien fait, qui n'apporte aucun regret et dont le résultat est accueilli avec délices et satisfaction.

« C'est aussi doux que le miel », ainsi pense l'insensé du mal qui n'a pas encore porté ses fruits ; mais quand le mal a fructifié, alors l'insensé vient à en souffrir.

Vraiment la connaissance d'un insensé le mène à sa ruine. Elle détruit son bon côté en brisant sa tête.

VI

On doit s'associer avec celui qui fait voir les défauts comme s'il montrait un trésor. On doit s'attacher au sage qui réprouve les fautes. En vérité fréquenter un tel homme est un bien et non un mal.

Ne prends pas comme amis ceux qui font le mal ou ceux qui sont bas. Fais ta compagnie des bons, recherche l'amitié des meilleurs parmi les hommes.

Celui qui boit à la source de la Doctrine, vit heureux dans la sérénité de l'esprit. Le sage se réjouit toujours de la Doctrine enseignée par les *Ariya* (Nobles).

Les constructeurs d'aqueducs conduisent l'eau à leur gré ; ceux qui fabriquent les flèches les façonnent ; les charpentiers tournent le bois (selon leur gré) ; les sages se contrôlent eux-mêmes.

De même que le rocher solide n'est pas ébranlé par le vent, de même les sages restent inébranlés par le blâme ou la louange.

Comme un lac profond, limpide et calme, ainsi les sages deviennent clairs, ayant écouté la Doctrine.

Il est peu d'hommes qui passent sur l'autre rive. La plupart vont et viennent sur cette rive.

Mais ceux qui suivent la Doctrine bien enseignée, franchissent le domaine de la Mort, difficile à traverser.

VII

Il n'est pas de fièvre des passions pour celui qui a terminé son voyage, qui est libre de tout souci, qui s'est libéré de toutes parts, qui a rejeté tous ses liens.

Les dieux eux-mêmes envient celui dont les sens ont été domptés, — comme l'est un cheval par son cavalier, — qui s'est débarrassé de tout orgueil et libéré des convoitises.

Comme la terre, un homme constant et cultivé ne s'offense pas ; il est semblable à un pilier, transparent comme un lac sans limon ; pour lui, le cycle de naissances et de morts n'existe plus.

Tranquilles sont les pensées, les paroles et les actes de celui qui, avec la connaissance juste, est libéré complètement, parfaitement paisible et équilibré.

Que ce soit dans un village, dans une forêt, dans la plaine ou sur une colline, là où vivent les hommes dignes *(Arahant)*, cet endroit est charmant.

Délicieuses sont les forêts où la foule ne se réjouit pas ; les hommes libres de passions y trouvent la joie parce qu'ils ne recherchent pas les plaisirs des sens.

VIII

Meilleur que mille mots privés de sens, est un seul mot raisonnable, qui peut amener le calme chez celui qui l'écoute.

Meilleure que mille versets privés de sens est une seule ligne de verset (pleine de sens) qui peut donner le calme à celui qui l'écoute.

On peut conquérir des milliers et des milliers d'hommes dans une bataille ; mais celui qui se conquiert lui-même, lui seul est le plus noble des conquérants.

Un seul jour vécu dans la vertu et la méditation vaut mieux que cent années passées dans le vice et les débordements.

Un seul jour vécu en comprenant la Vérité Suprême, vaut mieux qu'un siècle vécu dans l'ignorance de la Vérité Suprême.

IX

Hâte-toi vers le bien, garde ton esprit du mal. L'esprit de celui qui est lent à faire le bien, se réjouit du mal.

Si quelqu'un commet le mal, qu'il se garde de recommencer. Qu'il ne s'y complaise. Douloureuse est l'accumulation du mal.

Si quelqu'un fait le bien, qu'il persévère, qu'il s'en réjouisse. Heureuse est l'accumulation du bien.

Un être malfaisant peut être heureux tant que sa mauvaise action n'a pas encore mûri, mais quand elle est mûre, le malfaisant connaît le malheur.

Un être bienfaisant peut avoir de mauvais jours, tant que sa bonne action n'a pas encore mûri ; mais quand elle est mûre, le bienfaisant connaît d'heureux résultats.

Ne traite pas légèrement le mal en te disant : « Il ne viendra pas sur moi ». Le pot s'emplit goutte à goutte ; ainsi l'insensé, peu à peu, s'emplira de mal.

Ne traite pas légèrement le bien en te disant : « Il ne viendra pas sur moi. » Le pot s'emplit goutte à goutte, ainsi le sage, peu à peu, s'emplira de bien.

Comme un marchand qui transporte d'abondantes richesses et n'a qu'une faible escorte, évite une route dangereuse, et comme un homme qui aime la vie se garde du poison, — ainsi doit-on s'éloigner du mal.

Quiconque offense une personne pure, innocente et sans souillure, s'expose au retour du mal, comme si l'on avait jeté de la poussière contre le vent.

Ni dans les airs, ni au milieu de l'océan, ni dans les antres des rochers, nulle part dans le monde entier, il n'existe une place où l'homme trouverait un abri contre ses mauvaises actions.

Ni dans les airs, ni au milieu de l'océan, ni dans les antres des rochers, nulle part dans le monde entier, il n'existe une place où l'homme trouverait un abri contre la mort.

X

Tous tremblent devant le châtiment ; tous craignent la mort. Comparant les autres avec soi-même, on ne doit pas tuer, ni faire tuer.

Tous tremblent devant le châtiment ; à tous la vie est chère. Comparant les autres avec soi-même, on ne doit pas tuer, ni faire tuer.

Quiconque, en cherchant son propre bonheur, blesse les créatures qui désirent le bonheur, ne l'obtiendra pas dans l'autre monde.

Quiconque, en cherchant son propre bonheur, ne blesse pas de créatures qui désirent le bonheur, l'obtiendra dans l'autre monde.

Ni la coutume d'aller nu, ni celle des cheveux tressés, ni celle de répandre de la poussière sur son corps, ni le jeûne, ni le sommeil sur le sol, ni le fait de se recouvrir de cendres, ni les prosternations, aucune de ces choses ne purifie le mortel qui n'a pas dépassé le doute.

Quoique vêtu avec raffinement, si un homme cultive la tranquillité d'esprit, s'il est calme, contrôlé, promis à l'émancipation de conduite, pur, s'il ne fait le mal à aucune créature, il est brahmane, il est ascète, il est bhikkhu.

XI

Quelle hilarité, quelle allégresse peut-il y avoir quand tout est en feu ? Vous qui êtes enveloppés de ténèbres, ne chercherez-vous pas une lumière ?

Les pompeux chars royaux sont détruits par l'usure. Le corps aussi va vieillir mais l'enseignement du sage ne vieillit pas. Ainsi les saints hommes le communiquent aux bons.

L'homme ignorant vieillit à la manière du bœuf ; son poids augmente, mais non pas sa sagesse.

Les hommes qui n'ont pas mené la vie pure et qui n'ont pas recueilli de richesses durant leur jeunesse, dépérissent comme de vieux hérons près d'un lac sans poissons.

XII

Commence par t'établir toi-même dans le droit chemin, puis tu pourras conseiller les autres. Que l'homme sage ne donne aucune occasion de reproches.

Si l'on se forme soi-même suivant les conseils qu'on donne aux autres, alors, bien dirigé, on peut diriger autrui, En effet, il est difficile de se maîtriser.

En vérité, on est le gardien de soi-même ; quel autre gardien y a-t-il ? En se maîtrisant soi-même, on obtient un gardien difficile à gagner.

Le mal fait par soi-même, engendré en soi, venant de soi, écrase le faible d'esprit comme le diamant broie une gemme.

Il est aisé de se faire du tort et du mal. Ce qui est bon et bénéfique est très difficile à accomplir.

L'insensé qui, appuyé sur des vues fausses, méprise l'enseignement des Êtres Nobles, des hommes dignes, des hommes droits, — celui-là produit des fruits (de ses actions) pour sa destruction, comme le bambou (qui produit le fruit pour sa destruction).

L'homme se souille par le mal qu'il a fait et il se purifie en l'écartant. La pureté et la souillure sont en lui-même ; personne ne peut purifier un autre.

XIII

Celui qui, après avoir été négligent, devient vigilant, illumine la terre comme la lune émergeant des nuées.

Celui dont les bonnes actions effacent le mal qu'il a fait, illumine la terre comme la lune émergeant des nuées.

Le monde est aveugle ; rares sont ceux qui voient. Comme les oiseaux s'échappant du filet, peu nombreux sont ceux qui vont vers le séjour céleste.

XIV

S'abstenir du mal, cultiver le bien et purifier l'esprit : tel est l'enseignement des Bouddhas.

La meilleure des pratiques ascétiques est la patience. Le *Nibbāna* est l'état suprême, disent les Bouddhas. Il n'est pas un reclus, celui qui fait du mal aux autres. Il n'est pas un ascète, celui qui moleste autrui.

XV

Parmi ceux qui haïssent, heureux sommes-nous de vivre sans haine. Au milieu des hommes qui haïssent, demeurons libres de haine.

Parmi ceux qui souffrent, heureux sommes-nous qui vivons sans souffrir. Au milieu de ceux qui souffrent, demeurons libres de souffrance.

Parmi ceux qui sont inquiets, heureux sommes-nous qui vivons sans inquiétude. Au milieu des inquiets, demeurons libres d'inquiétude.

Heureux en vérité sommes-nous, nous à qui rien n'appartient. Nous serons nourris de joie ainsi que les dieux rayonnants.

Le vainqueur engendre la haine. Le vaincu gît, étendu dans la détresse. L'homme paisible se repose bien, abandonnant à la fois la victoire et la défaite.

Il n'y a pas de feu plus ardent que la concupiscence. Pas de plus grand malheur que la haine. Il n'y a pas de misère comparable à celle que procurent les éléments d'existence ; pas de béatitude plus haute que la paix du *Nibbāna*.

La santé est le plus grand gain, le contentement est la plus grande richesse. Un ami fidèle est le meilleur parent, mais la plus haute béatitude est le *Nibbāna*.

Ayant goûté aux douceurs de la solitude et de la paix, un homme s'affranchit de la souffrance et du mal ; il boit la douceur de la vérité.

XVI

Du désir des sens vient le chagrin, du désir des sens vient la crainte. Si l'on est affranchi du désir des sens, on ne connaît ni le chagrin ni la crainte.

De l'avidité vient le chagrin, de l'avidité vient la crainte. Si l'on est en affranchi, on n'a ni chagrin ni crainte.

XVII

Quiconque retient la colère montante, comme on arrête un char lancé, — je l'appelle un conducteur. Les autres ne font que tenir les rênes.

Vaincs la colère par l'amour, le mal par le bien. Conquiers l'avare par la générosité et le menteur par la vérité.

Dis la vérité, ne t'abandonne pas à la colère ; donne du peu que tu possèdes à celui qui te sollicite ; par ces trois qualités, l'homme peut se rapprocher des dieux.

Ce n'est pas seulement d'aujourd'hui mais depuis bien longtemps que sont critiqués ceux qui restent assis en silence, et ceux qui parlent avec profusion, et ceux qui parlent avec modération. Il n'est nul être au monde qui échappe à la critique.

Il n'existe point, il ne fut jamais, il n'y aura jamais un individu qui est exclusivement blâmé ou loué.

Les sages dont les actions sont contrôlées, dont les paroles sont contrôlées, dont les pensées sont contrôlées, en vérité, ceux-ci sont bien contrôlés.

XVIII

Ainsi que l'orfèvre raffine l'argent brut, ainsi, peu à peu et d'instant en instant, l'homme sage se purifie de ses impuretés.

Quand la rouille apparaît sur le fer, le fer même en est rongé. De la même manière, les mauvaises actions de l'homme le conduisent à l'état de souffrance.

La vie est facile à l'être sans vergogne, à l'imprudent comme un corbeau, au malicieux, au fanfaron présomptueux, à l'impur.

La vie est toujours dure au modeste, à celui qui recherche toujours la pureté, au désintéressé, à l'humble, à l'homme de vie droite et de jugement clair.

Il n'y a pas de feu comparable à la convoitise, pas d'étreinte telle que la haine, pas de filet comme l'illusion. Il n'y a pas de fleuve comme le désir.

Facile à découvrir est la faute d'autrui, mais notre faute est difficile à percevoir. On trie les fautes d'autrui comme la paille du blé ; mais on cache les siennes comme le tricheur dissimule un coup malchanceux.

XIX

On n'est pas sage parce qu'on parle beaucoup. C'est l'homme compatissant, amical, sans malice, qu'on appelle un sage.

Un homme n'est pas un *Thera* (un ancien) parce que sa tête est grise. Il est seulement mûr en âge, et on peut dire qu'il a vieilli sans profit.

Celui qui possède la vérité, la droiture, la non-violence et la maîtrise de soi, qui est sage et sans souillure, on peut en vérité l'appeler un *Thera*.

Un homme ne devient honorable ni par la parole déliée, ni par une belle apparence, s'il est envieux, avare et faux.

Celui chez qui de telles dispositions d'esprit sont détruites, déracinées, cet homme sage délivré des passions est appelé honorable.

La tête rasée ne fait pas un ascète de l'homme qui reste indiscipliné et menteur. Plein de désir et d'avidité, comment peut-il être un ascète ?

Celui qui s'est libéré de tout mal, petit ou grand, on peut l'appeler un ascète, car il a surmonté tout mal.

Un homme qui maltraite des créatures vivantes n'est pas un *Ariya*. Celui qui est compatissant pour toutes les créatures mérite d'être appelé un *Ariya*.

XX

Le meilleur des sentiers est l'Octuple Sentier ; la meilleure des vérités est les Quatre Vérités ; la meilleure des conditions est le détachement, le meilleur des hommes est celui qui voit et comprend.

En vérité, ceci est le Sentier ; il n'en est pas un autre qui mène à la purification de la vision. Suivez ce sentier et cela sera la confusion de *Māra* (Mort).

En suivant ce sentier, vous verrez la fin de la souffrance. Ce sentier, je l'ai déclaré, ayant connu comment extirper les flèches (de la douleur).

Vous devez faire l'effort vous-même ; les *Tathāgata* (Bouddhas) ne font qu'enseigner le sentier. Les pratiquants méditatifs arrivent à se délivrer des entraves de *Māra*.

« Toutes les choses conditionnées sont impermanentes » : une fois qu'on voit cela par la sagesse, on est dégoûté de la souffrance. Ceci est le sentier de la pureté.

« Toutes les choses conditionnées sont chargées de souffrance » : une fois qu'on voit cela par la sagesse, on est dégoûté de la souffrance. Ceci est le sentier de la pureté.

« Tous les *Dhamma* (toutes les choses sans exception) sont sans Soi » : une fois qu'on voit cela par la sagesse, on est dégoûté de la souffrance. Ceci est le sentier de la pureté.

Quand le moment est venu d'être actif et d'agir, quiconque, étant jeune et fort, ne fait pas son devoir, s'adonne à la paresse, se montre faible, apathique, inerte dans sa volonté, celui-là ne trouvera pas le chemin de la sagesse.

Veiller sur la parole, contrôler l'esprit, s'abstenir des actes mauvais : qu'on se purifie par ces trois moyens d'action pour atteindre le sentier déclaré par les sages.

XXI

L'homme plein de confiance et de vertu, ayant réputation et richesses, est révéré dans tous les pays où il se trouve.

XXII

Le menteur va en enfer et aussi celui qui, ayant agi, nie son acte. Dans l'avenir, tous deux, hommes d'actions basses, partageront le même sort.

Mieux vaut ne pas faire la mauvaise action ; car après, la mauvaise action tourmente celui qui l'a commise. Mieux vaut faire la bonne action qui, accomplie, ne causera nul tourment à celui qui l'a commise.

Ceux qui ont honte de ce qui n'est pas honteux et ceux qui

n'ont pas honte de ce qui est honteux, ces êtres adonnés aux vues fausses, vont dans un état malheureux.

Ceux qui ont peur de ce qui n'est pas à craindre, et ceux qui n'ont pas peur de ce qui est à craindre, ces êtres adonnés aux vues fausses, vont dans un état malheureux.

Ceux qui voient le mal où il n'y en a pas et ceux qui ne voient pas le mal où il se trouve, ces êtres adonnés aux vues fausses, vont dans un état malheureux.

Reconnaissant le mal comme le mal, et le bien comme le bien, les êtres qui embrassent les vues justes, vont dans un état heureux.

XXIII

Comme l'éléphant de combat reçoit la flèche jaillie de l'arc, ainsi supporterai-je patiemment l'insulte. Certes, la plupart des gens sont vicieux.

L'éléphant discipliné est conduit à la bataille. Le roi le monte. Le meilleur parmi les hommes est celui qui, discipliné, supporte l'insulte.

Excellents sont les mulets dressés, et les chevaux pur-sang du Sindh, et aussi les grands éléphants de combat. Meilleur encore est l'homme qui s'est contrôlé lui-même.

Il est bon d'avoir un ami secourable. Il est bon d'être satisfait de tout ce qui arrive. Il est bon, à l'heure de la mort, d'avoir accompli de bonnes actions. Il est bon d'abandonner tout chagrin derrière soi.

Il est bon de pratiquer la vertu tout au long de la vie. Il est bon de garder une confiance solide. Il est bon d'acquérir la sagesse. Il est bon de ne faire aucun mal.

XXIV

Comme un arbre coupé pousse encore si ses racines demeurent intactes et fortes, ainsi la souffrance jaillit encore et toujours, tant que l'on n'a pas aboli la convoitise.

Traqués par la convoitise, les hommes courent en tous sens comme des lièvres poursuivis. Saisis par les entraves, ils connaîtront longtemps encore la souffrance.

Ce qui est fait de fer, de bois ou de chanvre n'est pas un lien fort, mais l'attachement aux joyaux et aux parures, aux enfants et aux épouses, est certes un lien puissant, déclarent les sages ; et c'est un lien fort dont il est pénible de se débarrasser. Cependant certains le coupent et choisissent la vie sans foyer ; ils abandonnent les plaisirs des sens sans regarder derrière eux.

Il en est qui s'emprisonnent dans leur propre filet d'acharnement au plaisir, comme l'araignée dans sa toile. Les sages abandonnent même cela, sans se retourner, et laissent tout souci derrière eux.

Le don de la Vérité surpasse tout autre don ; la saveur de la Vérité surpasse toute autre saveur ; la joie dans la Vérité surpasse toute autre joie ; l'extinction du désir vainc toute souffrance

XXV

Il est bon de contrôler l'œil. Il est bon de contrôler l'oreille. Il est bon de contrôler le nez. Il est bon de contrôler la langue.

Il est bon de contrôler le corps. Il est bon de contrôler la parole. Il est bon de contrôler l'esprit. Dans tous les cas le contrôle est bon. Le bhikkhu qui se contrôle de toute façon est affranchi de toute souffrance.

Le bhikkhu qui contrôle sa langue, mesuré dans ses paroles, qui n'est pas bouffi d'orgueil, interprète la Doctrine en l'éclairant. Et ses paroles sont douces.

Observateur de la Doctrine, faisant sa joie de la Doctrine, méditant sur la Doctrine, se souvenant de la Doctrine, le bhikkhu agissant ainsi restera toujours fermement établi en elle.

Le bhikkhu qui vit dans un état d'amour bienveillant, qui se délecte de l'Enseignement de l'Eveillé, ce bhikkhu atteint la paix du Nibbāna, la fin tranquille et bienheureuse de l'existence conditionnée.

Il n'y a pas de concentration pour celui qui manque de sagesse ; il n'y a pas de sagesse pour celui qui manque de concentration. Il est vraiment près du Nibbāna, celui en qui se trouvent la concentration et la sagesse.

Le bhikkhu qui, dans une demeure solitaire, tranquillise son esprit, goûte une joie surhumaine dans la claire vision de la Doctrine.

Quand il reflète comment les agrégats (de l'existence) naissent et disparaissent, il goûte le bonheur et la joie. C'est le nectar des sages.

On est son propre protecteur. Qui d'autre pourrait être le protecteur ? Donc, contrôle-toi comme le marchand maîtrise son cheval impétueux.

Empli de joie, transporté par le message du Bouddha, le bhikkhu atteint l'état tranquille, l'apaisement heureux des conditionnés.

Même un jeune bhikkhu qui se consacre à la Doctrine du Sublime Eveillé, illumine ce monde comme la lune émergeant des nuées.

Glossaire

Ācariya, maître, instructeur.
Ācariya-muṭṭhi, « poing fermé du maître », c'est-à-dire doctrine ésotérique, enseignement secret. Pages 18, 87.
Adhamma, mal, mauvais, injuste, immoral, 30.
Adhimokkha, détermination.
Ādīnava, mauvaise conséquence, danger, insatisfaction.
Āhāra, nourriture, 52.
Ajjava, honnêteté, intégrité.
Akkodha, absence de haine.
Akusala, défavorable, démérite, mauvais, mal, 53.
Ālaya-vijñāna, « conscience-tréfonds », 42, 92.
Amata (Skt. *Amṛta*), immortalité, synonyme de Nirvāṇa, 60.
Anāgāmi, « Celui-qui-ne-reviendra-plus », la troisième étape vers l'atteinte du Nirvāṇa, 25.
Ānāpānasati, attention à l'inspiration et l'expiration, forme de méditation, 71, 97 s.
Anatta, Non-Ame, Non-Soi, 77 s., 89, 93.
Anicca, impermanent.
Arahant, celui qui est libre de toute entrave, souillure et impureté, par l'atteinte du Nirvāṇa dans la quatrième et dernière étape, et qui est libéré de la renaissance, 24, 25, 62, 65, 92.
Ariya-aṭṭaṅgika-magga, Noble Sentier Octuple, 68.
Ariya-sacca, Noble Vérité.
Assāda, jouissance, attraction.
Atakkāvacara, au-delà de la logique.
Ātman (pali *Attā*), Ame, soi, ego, 54, 65, 75, 79 s.
Attadīpa, prendre soi-même comme sa propre île (protection).
Attasaraṇa, prendre soi-même comme son propre refuge.
Avihiṃsā (= *Ahiṃsā*), non-violence.
Avijjā, ignorance, illusion, 19, 62.
Avirodha, non-obstruction, non-opposition.
Āvuso, ami, (forme d'appellation entre les égaux), 24.
Avyākata, (à l'égard des problèmes) non expliqué, non déclaré ; (éthiquement) neutre, (ni bon ni mauvais), 64.

Āyasmā, vénérable.
Āyatana, « Sphère ». Six Sphères intérieures : œil, oreille, nez, langue, corps et esprit ; Six Sphères extérieures : forme visible, son, odeur, goût, choses tangibles et objets mentaux (idées, pensées, conceptions).

Bhaiṣajya-guru, docteur en médecine, dénomination du Bouddha comme docteur pour les maladies morales et spirituelles du monde.
Bhante, Seigneur, Seigneur vénérable.
Bhava, devenir, existence, continuité, 61, 78.
Bhāvanā, « méditation », culture mentale, 94 s.
Bhikkhu, moine bouddhiste, moine mendiant, 23.
Bhisakka, docteur, médecin.
Bodhi, arbre-*Bo*, l'arbre de Sagesse, *Ficus Religiosa*, l'arbre sous lequel le Bouddha obtint l'Éveil.
Bojjhaṅga, Facteurs d'Éveil, 49, 103.
Brahma, Être suprême, créateur de l'univers.
Brāhmaṇa, un brahmane, membre de la plus haute caste en Inde.
Brahma-vihāra, demeure suprême (dans l'amour universel, la compassion, la joie sympathique et l'équanimité), 104.
Buddha, Éveillé, 15, 48, 90, 117.
Cetanā, volition, 52.
Chanda, volonté.
Citta, esprit.
Cittekaggatā, fixation unificatrice de l'esprit, 95.

Dāgāba, mot cinghalais dérivé du pali *Dhātu-gabbha* ou sanskrit *Dhātu-garbha* qui signifie littéralement « chambre de reliques » ; une solide construction en forme de dôme dans laquelle les reliques du Bouddha sont conservées ; un *stūpa*, 111.
Dāna, don, charité.
Dasa-rāja-dhamma, les Dix Devoirs du Roi.
Deva, une déité, un être céleste, un dieu.
Dhamma (Skt. *Dharma*), Vérité, Enseignement, doctrine, droiture, piété, moralité, justice, nature, toute chose et tout état conditionné ou inconditionné, 26, 30, 82, 83, 87 s.
Dhamma-cakka, roue de la Vérité ou de la Loi.
Dhamma-cakkhu, « Œil de la Vérité », 27.
Dhamma-vicaya, recherche de la Vérité.
Dhamma-vijaya, conquête par la piété, 120.
Dhyāna, recueillement, un état d'esprit achevé par une haute méditation, 72, 98.
Dosa, colère, haine, mauvaise volonté.
Dravya, substance.
Dukkha, souffrance, conflit, in-

satisfaction, insubstantialité, vide, 33, 35 s., 45, 47, 53, 62, 65.

Ehi-passika, littéralement « venez-et-voyez », une expression pour décrire l'enseignement du Bouddha, 27.

Hīnayāna, « Petit Véhicule », un terme inventé et utilisé par les Mahāyānistes se référant aux anciennes sectes (ou écoles) orthodoxes du bouddhisme. Voir *Mahāyāna* et *Theravāda*, 11.

Indriya, faculté, faculté sensorielle, organe sensoriel.

Jāti, naissance.

Jarā-maraṇa, vieillesse et mort.

Kabaliṅkārāhāra, nourriture matérielle.

Kalyāṇa-mitta, un bon ami, qui vous mène le long du droit chemin.

Kāma, plaisirs des sens, désir pour les plaisirs des sens.

Kamma (Skt. *Karma*), action volitionnelle, littéralement action, acte, 20, 52, 53.

Kamma-phala, *Kamma-vipāka*, le fruit ou résultat de l'action, 53.

Karuṇā, compassion, 69, 104.

Khandha, agrégat.

Khanti, patience, tolérance.

Kilesa, souillures, impuretés, passions.

Kṣatriya, caste royale, la seconde caste dans le système des castes dans l'Inde. Un membre de cette caste.

Kusala, favorable, mérite, bon, 53.

Maddava, gentillesse, douceur.

Magga, Sentier, Voie, Chemin, 35, 68 s.

Mahā-bhūta, grands éléments (au nombre de 4 : solidité, fluidité, chaleur et mouvement).

Mahāyāna, « Grand Véhicule », forme du bouddhisme développée tardivement, actuellement pratiquée surtout en Chine, Japon, Corée et Tibet. Voir *Hīnayāna* et *Theravāda*, 11, 63, 83, 92.

Majjhimā-paṭipadā, Sentier du Milieu.

Māna, orgueil.

Manas, organe mental, esprit, 40 s., 92.

Manasikāra, attention.

Manosañcetanāhāra, volition mentale comme nourriture.

Mettā, amour, amour universel, lit. « amitié », 104.

Micchā-diṭṭhi, vue fausse, opinion fausse.

Moha, ignorance, illusion.

Muditā, joie sympathique, joie pour le succès des autres, bien-être et bonheur, 104.

Nairātmya, absence d'âme, le fait qu'il n'y a pas de Soi.

Nāma-rūpa, nom et forme, énergies mentales et physiques.

Ñāṇa-dassana, vision intérieure, vision par la sagesse.

Nirodha, cessation, 35, 58.
Nirvāṇa, le *summum bonum* bouddhiste, la Réalité Ultime, la Vérité Absolue, lit. « souffler », « extinction », 31-34, 57-67, 93.
Nissaraṇa, liberté, libération, lit. « sortie ».
Nīvaraṇa, obstacle, empêchement.

Pañcakkhandha, Cinq Agrégats (matière, sensation, perception, activités mentales et conscience).
Paññā, sagesse, 65, 69, 116.
Paramattha (Skt. *Paramārtha*), Vérité Absolue, Réalité Ultime.
Pariccāga, abandon, renoncement.
Parinirvāṇa (Pali *Parinibbāna*), « souffler complètement », la mort finale du Bouddha ou d'un Arahant, 64, 86.
Passaddhi, détente.
Paṭicca-samuppāda, Production Conditionnée, 50, 77-79.
Paṭigha, répugnance, colère.
Paṭisotagāmi, allant contre le courant, 76.
Paṭivedha, pénétration, compréhension profonde, 73.
Phassa, contact.
Phassāhāra, contact comme nourriture (contact des facultés sensorielles intérieures avec le monde extérieur en tant que nourriture).
Pīti, joie, 49, 103.
Puggala, individu, personne.

Rāga, concupiscence, désir.
Ratanattaya, Triple-Joyau : le Bouddha, le Dhamma (son Enseignement) et le Sangha (l'Ordre des moines).
Rūpa, matière, forme.

Sacca (Skt. *Satya*), Vérité.
Saddhā (Skt. *Śraddhā*), confiance, (foi, croyance), 26, 116.
Sakadāgāmi, « Celui-qui retourne-une-fois », la seconde étape dans l'atteinte du Nirvāṇa, 25.
Sakkāya-diṭṭhi, croyance en une Ame ou Soi.
Saḷāyatana, Six Sphères (voir *āyatana*).
Samādhi, concentration atteinte par une haute méditation. Discipline mentale, 69, 95.
Samajīvikatā, vivre selon ses moyens.
Samatha, tranquillité, concentration, 95.
Saṃkhāra, *saṃkhata*, choses et états conditionnés, 61, 63, 82, 83.
Sammā-ājīva, moyen d'existence juste.
Sammā-diṭṭhi, vue juste.
Sammā-kammanta, action juste.
Sammā-samādhi, concentration juste.
Sammā-saṃkappa, pensée juste.
Sammā-sati, attention juste.
Sammā-vācā, parole juste.
Sammā-vāyāma, effort juste.
Sammuti, convention, *sammuti-sacca*, vérité conventionnelle.

Saṃsāra, continuité d'existence, cycle d'existence, 47, 53, 56, 63, 66, 86.

Samudaya, apparition, origine de *dukkha*, la Seconde Noble Vérité, 35, 50 s.

Saṅgha, Communauté des moines bouddhistes, 18, 25, 107, 112.

Saññā, perception.

Sassata-vāda, éternalisme, théorie éternaliste.

Sati, attention, prise de conscience, 97.

Satipaṭṭhāna, établissement de l'attention, 88.

Saṭthā, maître.

Sīla, vertu, moralité, 69, 116.

Sotāpanna, « Entrant-dans-le-courant », la première étape dans l'atteinte du Nirvāṇa, 25.

Stūpa, voir *Dāgäba*.

Śūdra, basse caste, la quatrième dans le système des castes dans l'Inde. Un membre de cette caste.

Sukha, bonheur, aise, confort.

Sutta (Skt. *Sūtra*), discours, sermon, dialogue, texte.

Taṇhā (Skt. *Tṛṣṇā*), « soif », désir, avidité, 50, 51, 65.

Taṇhakkhaya, « extinction de la soif », synonyme de Nirvāṇa, 57, 58, 62.

Tapa, austérité.

Tathāgata, « Celui qui a trouvé la Vérité », synonyme du Bouddha, un terme généralement employé par le Bouddha se référant à lui-même ou aux autres Bouddhas. *Tatha* (vérité) plus *āgata* (venu, arrivé) 18, 25, 81, 87.

Thera-vāda, « La Secte ou École des Anciens », considérée comme la forme orthodoxe et originale du bouddhisme, acceptée et pratiquée principalement à Ceylan, Birmanie, Thaïlande, Cambodge, Laos et Chittagong. Voir *Mahāyāna* et *Hīnayāna*, 11, 63, 83.

Thīna-middha, torpeur et langueur.

Tipiṭaka (Skt. *Tripiṭaka*), Triple Canon, généralement appelé « Trois Corbeilles ». Les trois principales divisions canoniques de l'Enseignement du Bouddha en *Vinaya* (code de Discipline), *Sutta* (Discours) et *Abhidhamma* (Doctrine supérieure, Philosophie et Psychologie), 9.

Tisaraṇa, Trois Refuges : le Bouddha, le Dhamma (Enseignement) et le Sangha (Communauté des moines), 18.

Uccheda-vāda, annihilation, théorie annihiliste.

Uddhacca-kukkucca, excitation et remords.

Upādāna, saisie, attachement.

Upādāyarūpa, matière dérivée.

Upāsaka, un bouddhiste laïc, 21, 112.

Upekkhā, équanimité, 61, 105.

Vaiśya, caste agricole et commerçante, la troisième dans le système des castes dans l'Inde. Un membre de cette caste.

Vedanā, sensation.

Vibhava, annihilation, *vibhava-taṇhā*, désir pour l'annihilation, 61.

Vicikicchā, doute, 19, 103.

Viññāṇa, conscience, 42 s., 78, 92.

Viññāṇāhāra, conscience comme nourriture.

Vipāka, résultat, conséquence.

Vipariṇāma, changement, transformation, altération.

Vipassanā, vision intérieure, vision analytique, 97.

Virāga, détachement, absence de désir, 58.

Viriya, énergie.

Vyāpāda, colère, haine, mauvaise volonté.

Yathā-bhūta, en réalité, comme les choses sont.

Table

CET OUVRAGE A ÉTÉ REPRODUIT ET ACHEVÉ D'IMPRIMER
PAR L'IMPRIMERIE FLOCH À MAYENNE (9-86)
D.L. FÉVRIER 1978. N° 4799-4 (24589)

Collection Points

SÉRIE SAGESSES

dirigée par Jean-Pie Lapierre

DERNIERS TITRES PARUS

Sa12. Le Nuage d'inconnaissance
traduit de l'anglais par Armel Guerne
Sa13. L'Enseignement du Bouddha, *par Walpola Rahula*
Sa14. Récits d'un pèlerin russe, *traduit par Jean Laloy*
Sa15. Le Nouveau Testament
traduit par Émile Osty et Joseph Trinquet
Sa16. La Voie et sa vertu, *par Lao-tzeu*
Sa17. L'Imitation de Jésus-Christ, *traduit par Lamennais*
Sa18. Le Mythe de la liberté, *par Chögyam Trungpa*
Sa19. Le Pèlerin russe, trois récits inédits
Sa20. Petite Philocalie de la prière du cœur
traduit et présenté par Jean Gouillard
Sa21. Le Zohar, *extraits choisis et présentés par Gershom G. Scholem*
Sa22. Les Pères apostoliques
traduction et introduction par France Quéré
Sa23. Vie et Enseignement de Tierno Bokar
par Amadou Hampaté Bâ
Sa24. Entretiens de Confucius
Sa25. Sept Upanishads, *par Jean Varenne*
Sa26. Méditation et Action, *par Chögyam Trungpa*
Sa27. Œuvres de saint François d'Assise
Sa28. Règles des moines
introduction et présentation par Jean-Pie Lapierre
Sa29. Exercices spirituels, *par saint Ignace de Loyola*
traduction et commentaires par Jean-Claude Guy
Sa30. La Quête du Graal
présenté et établi par Albert Béguin et Yves Bonnefoy
Sa31. Confessions *de saint Augustin*
traduction par Louis de Mondadon
Sa32. Les Prédestinés, *par Georges Bernanos*
Sa33. Les Hommes ivres de Dieu, *par Jacques Lacarrière*
Sa34. Évangiles apocryphes, *par France Quéré*
Sa35. La Nuit obscure, *par saint Jean de la Croix*
traduction du P. Grégoire de Saint Joseph
Sa36. Découverte de l'Islam, *par Roger Du Pasquier*